ZU FOLGEN.
DORT ZEIGTE
ER AUF DAS
***WIRTS-
HAUS-
SCHILD***
UND FRAGTE:
»STEHT DORT
APOTHEKE?«

KNEIPEN
DER STRALSUNDER ALTSTADT

von Steffen Melle

rügendruck gmbh

WEG-WEISER

Vorwort

Es gibt sie noch mancherorts, die oft gemütlichen Schankwirtschaften oder Kneipen, in denen man sein Feierabendbier trinkt und auch mal mit Freunden einen ganzen Abend verbringt. Da finden sich Stammgäste, Gelegenheitsgäste und völlig Fremde ein und spüren das verbindende Gefühl der Gemeinschaft. Menschen unterschiedlicher sozialer Herkunft, die wahrscheinlich an keinem anderen Ort miteinander ins Gespräch gekommen wären, reden über ihre Erlebnisse, Erfahrungen, große und kleine Politik, Fußballergebnisse und anderes. Man erfährt Unbekanntes (Bildungseffekt) und Neuigkeiten aus der Stadt oder dem Dorf. Hier entstehen Beziehungen, hier vertieft sich Nachbarschaft. Kurz gesagt, Kneipen haben eine nicht zu unterschätzende soziale Funktion. Trotzdem ist seit einigen Jahren ein Kneipensterben in Deutschland zu registrieren. Man spricht davon, dass sich ihre Anzahl in Hamburg, Berlin und Niedersachsen schon halbiert habe. Aber auch Bayern, Nordrhein-Westfalen und die ostdeutschen Länder sind betroffen. Bundesweit sei die Zahl der Schankwirtschaften zwischen 2009 und 2015 von etwa 36.700 auf 31.100 zurückgegangen, berichtete die Frankfurter Allgemeine Zeitung 2017 in einem Artikel. Für 2019 wird die Anzahl auf etwa 29.000 in ganz Deutschland beziffert. Als Ursachen werden veränderte Freizeitgewohnheiten vor allem der jüngeren Generation und ein geringeres Freizeitetat in den Familien genannt. Aber auch Probleme der

Wirte, wie häufig fehlender Nachwuchs zur Fortführung der Kneipe, eine Zunahme bürokratischer Verwaltungsaufgaben, erhöhte Pachten und kürzlich auch die Auswirkungen des Coronavirus in der Gesellschaft führen zu Schließungen. Letztendlich hat auch eine Analyse der Trinkgewohnheiten der Menschen weniger Biertrinker ausgemacht.

Die Lage in Stralsund ist vergleichbar mit der in anderen Städten. Wenn man die Entwicklung der letzten einhundert Jahre betrachtet, erkennt man in den vergangenen Jahrzehnten einen krassen Niedergang des Kneipenwesens. Und das soll der Ansatz für dieses Buch sein. Welche Rolle spielten Schankwirtschaften im gesellschaftlichen Leben der alten Hansestadt? Welche gab es, und wo waren sie? Welche Probleme gab es (auch mit schlecht geführten Kneipen und der Trunksucht ihrer Gäste)? Es ist der Versuch, darauf eine Antwort zu geben, auch wenn viele Quellen lückenhaft sind oder gerade in der Zeit vor 1700 und nach 1955 fehlen. Andere Informationen sind so umfangreich, dass ich mich in meiner Darstellung des Kneipenlebens auf die Altstadt und den Hafenbereich beschränke. Freunde solcher früheren Werftarbeiterkneipen, wie „Fritz Reuter" (Max Geese) oder „Keglerheim" (Wilhelm Utech) zum Beispiel oder von Vorstadtkneipen wie dem „Schwarzen Hacken", mögen mir das verzeihen.

Stralsunder Kneipennamen

Schon im Mittelalter wurden den Schankwirtschaften Namen gegeben. Das kommt daher, dass Häuser generell einen Namen erhielten, denn Hausnummern gab es noch nicht. Bei den Gast- und Schankwirtschaften hat sich diese Sitte bis heute erhalten.

Aber woran orientierte man sich bei der Namensgebung? Hier eine Auswahl: „Zur Fähre" deutet auf die Lage ganz in der Nähe zum Schiffsanleger hin, der die Verbindung zu den Inseln Rügen und Hiddensee ermöglichte. Es gab auch weitere Namen, die auf den Hafen oder die Seefahrt hinweisen. Dazu zählen die Gastwirtschaften „Zum goldenen Anker" in der Langenstraße 38a, „Zum Anker" am Frankenwall 21, „Zum Hafen" in der Wasserstraße 79, „Zur Kogge" in der Tribseer Straße 26, „Zur Flotte" in der Frankenstraße 47, der „Klabautermann" am Querkanal 2, „Zum Steuermann" in der Langenstraße 40 oder „Zum Lachs" in der Badenstraße 27. Einige Wirtschaften haben einen engen Ortsbezug in der Stadt. Die Gastwirtschaft „Zur Waage" in der Wasserstraße 66 lag vor dem Badentor in der Nähe der Stadtwaage. Die „Wulflamstuben" befinden sich noch heute im Haus der mittelalterlichen Ratsherrenfamilie Wulflam am Alten Markt 5. Die Gastwirtschaft „Zum Schill" befand sich in der Fährstraße 24, unweit der Stelle, an der 1809 der Kämpfer gegen die napoleonische Fremdherrschaft Major von Schill fiel. Die Gastwirtschaft „Zum Dominikaner" in der Mönchstraße 46 lag unweit des Dominikanerklosters „St. Katharinen" und die „Zum Steinwich" in der Külpstraße 4 nur einige Häuser vom ehemaligen Wohnhaus des früheren Stralsunder Bürgermeisters entfernt. Von der Wirtschaft „Zur Regimentsnummer" in der Wasserstraße 42 war es nicht weit zur Kaserne am Frankendamm, wo das Infanterieregiment Nr. 42 untergebracht war. Ein Stralsundbezug ist bei folgenden Wirtschaften zu erkennen: „Alt-Stralsund" in der Papenstraße 2, „Zum Stadtwappen" in der Frankenstraße 36, „Zur Hansa" in der Langenstraße 41, „Zum Franken" in der Wasserstraße 40, „Der Schwan", in der Wasserstraße 73 und „De olle Stralsunner" am Apollonienmarkt 2/3. Bei vier Namensgebungen wird an die Schwedenzeit erinnert: „Zum Gustav Adolf“ in der Bucht (Der Schwedenkönig hatte 1630 die Stadt besucht.), „Zu den 3 Kronen“ in der Böttcherstraße 29 und „König von Schweden“ in der Hafenstraße 4 (heute Fischmarkt). Letzterer Name war allerdings nicht zu halten. Die Kneipe stand in üblem Ruf, und die Beschwerde schwedischer Gäste an höherer Stelle über die schlimmen Verhältnisse dort brachten eine Umbenennung. Fortan hieß diese Wirtschaft „Zur Linde“. An den Verhältnissen dort änderte sich allerdings nichts. Zu erwähnen ist dann noch das „Cafe Skandinavia“ in der Mühlenstraße 11. Weitere Namen sind wohl typische Kneipennamen, die man überall in Deutschland finden kann: „Braustübl“, vorher „Zur guten Stube“ in der Kleinschmiedstraße 10, „Bierquelle“ in der Ossenreyerstraße 22, „Altdeutsche Bierstuben“ in der Filterstraße 4, „Bierhalle“, später „Turmklause“, in der Wasserstraße 9 und „Zur fröhlichen Ecke“ in der Langenstraße 35. Eine Anspielung auf den Wirt Wilhelm Fröhlich vor etwa einhundert Jahren? Ebenso häufig gebräuchlich ist der Name des Wirts beziehungsweise der Wirtin in der Namensgebung. Dazu zählen beispielsweise die „Gaststätte Schröder“ in der Wasserstraße 37, die „Gaststätte Kramer“ am Querkanal 4, „Brügmanns Schankwirtschaft“ am Neuen Markt 11, „Ediths Bierstube“ in der Tribseer Straße 4 und „Wothges Probierstube“ in der Heilgeiststraße 15a. Ein Bezug zu anderen Regionen stellen diese Namen her: „Insel Rügen“ in der Wasserstraße 82, „Stadt Greifswald“ in der Heilgeiststraße 32, „Zur Stadt Stettin“ am Neuen Markt 22, „Zur Stadt Rostock“ in der Bleistraße 1 und, weit orientiert, „Zum Nordkap“ in der Wasserstraße 1.

Wer im Internet stöbert, findet dort Hinweise auf außergewöhnliche oder verrückte Kneipennamen. Die gab es in Stralsund auch. Warum wurden hier früher Kneipen „Zum Krokodil“ (Tribseer Straße 18) und „Zum Luftdichten“ (Mühlenstraße 32) genannt? Lüftungen einzubauen war übrigens Pflicht. Die Kneipe „In der Hölle“ verheißt eigentlich keine Gemütlichkeit, oder war sie kuschelig warm?

Gastwirtschaft oder Schankwirtschaft?

Die unterschiedlichen Bezeichnungen für gastronomische Einrichtungen können schon verwirrend sein. In der Regel gehen wir für ein ausgiebiges Essen in ein Restaurant und für ein paar Bier in eine Kneipe oder Bar.

Kaum einer benutzt noch den in die Jahre gekommenen Begriff Gastwirtschaft, schon gar nicht die Bezeichnungen Speisewirtschaft oder Schankwirtschaft. Letzteres ist eine kleine Wirtschaft mit Ausschank von (alkoholischen) Getränken. Diese Unterschiede waren jahrhundertelang für die Beantragung einer Konzession für den Betrieb solcher Wirtschaften wichtig. Für die Schankwirtschaften gab es aber auch je nach Region verschiedene Bezeichnungen wie Schenke oder Schänke, Pinte, Taverne, Stampe, Krug, Schwemme, Destille (spezialisiert auf Branntweinausschank) oder in jüngerer Zeit die englische Kurzform Pub (Public House), ein Haus für die Öffentlichkeit also. Die Bezeichnung Kneipe ist uralt und geht auf die Wortbedeutung „zusammendrücken“ (kneipen) zurück. Kneipschenken waren eben enge Räume, in denen man zusammenrücken musste. Versorgt wurden die Gäste hier hauptsächlich mit Bier und anderen alkoholischen Getränken. Es konnten aber auch kleine Speisen angeboten werden. So wurde in der heutigen Hafenkneipe „Zur Fähre“ um 1700 neben Bier und Branntwein auch einfache Nahrung wie Brot, Wurst,

Speisen einer Gastwirtschaft

Speisen im Mittelalter waren durchaus vielfältig. Geht man aber davon aus, dass die Reichen in der Regel keine Gastwirtschaft besuchten, so fand man dort Speisen vor, die ein einfacher Stadtbürger auch bezahlen konnte. Vieles wurde aus Getreideprodukten und einigen Gemüsesorten hergestellt. Man servierte Hirsebrei und Brot aus Roggen, Gerste, Dinkel oder Hafer. Das hatte Fladenform, denn Hefe als Treibmittel und Backpulver gab es noch nicht. Dazu bekam man Schafs- oder Ziegenkäse und bei Bedarf auch Schmalz. Aus Linsen, Bohnen oder Erbsen wurden Suppen gekocht, aber auch Kohl und Rüben wurden verwendet. In einer Hafenstadt gehörte auch gedörrter oder gesalzener Fisch zur Versorgung. Aus Schweinefleich wurden Würste gemacht. Huhn wurde in einfachen Wirtshäusern eher selten zubereitet. Kartoffeln gab es übrigens erst nach der Entdeckung Amerikas im 16. Jahrhundert.

Käse oder eine Suppe angeboten. Für die Besteuerung hieß das: Kleine Wirtschaft. In den folgenden Ausführungen werde ich mich überwiegend auf solche Schankwirtschaften beziehen, auch wenn die Einordnung aus heutiger Sicht manchmal schwierig ist.

Kein Schankwirt ohne Brauer

Die Frage, wer zuerst da war, der Schankwirt oder der Brauer, scheint sich aus ihrem Tätigkeitsfeld heraus schon klar beantworten zu lassen. Dennoch, in einigen Städten war es im Mittelalter Brauern gestattet, in der Diele ihrer Häuser ihr eigenes Bier zu zapfen.

Den Hinweis auf frisches Bier gaben sie durch einen grünen Kranz am Hauseingang. Das Brauen von Bier war in Städten wie Stralsund ein, sagen wir mal Mittel zur Gesunderhaltung. Das Wasser aus den umliegenden Gewässern war durch Verschlammung und eingeleitete Fäkalien nicht ohne Weiteres zum Trinken geeignet. Schon im Ältesten Stralsunder Stadtbuch sind 1280 „braxator“ und „bruwer“, beides Bezeichnungen für den Brauer, erwähnt. Es waren auch die eingewanderten Neubürger, die die Idee und die Kenntnisse des Brauens in die Stadt brachten. Von den 2.217 Neuankömmlingen, die zwischen 1333 und 1348 in Stralsund aufgenommen wurden, waren 56 Brauer. Sie fanden, mal abgesehen vom Wasser, günstige Verhältnisse vor, denn schon für das Jahr 1284 ist in der Stadt ein Hopfenmarkt bezeugt, der von Hopfengärten vor den Toren beliefert wurde. Der Hopfen diente nicht nur als Bierwürze. Er trug auch zur längeren Haltbarkeit des Biers in einer Zeit fehlender Kühlmöglichkeiten bei und hatte einen antibakteriellen Effekt. Die Alternative waren in anderen Teilen Deutschlands mitunter abenteuerliche Kräutermischungen, mit denen man das sogenannte Grutbier braute. Nun ließen sich also Brauer beziehungsweise reiche Kaufleute Brunnen auf ihren Höfen bohren oder nutzten Soode in der Nähe ihrer Häuser und errichteten ihre Brauanlage in einem Brauhaus auf dem Hof oder auch in einem ausreichend großen Kellergewölbe. Voraussetzung in den ersten Jahren der Stadtentwicklung war wegen der Brandgefahr immer ein steingemauertes Haus. Bis ins 16. Jahrhundert hinein gab es zwischen 170 und 200 Brauhäuser. Zunächst stand die familiäre Eigenversorgung im Vordergrund. Braugerät gehörte praktisch zur Haushaltsausstattung, und auch Frauen beherrschten das Handwerk.

Die Berufsbrauer deckten dann den städtischen Bedarf an Bier ab. Diese ließen auch Schankwirtschaften, damals Krüge, einrichten, in denen ihr Bier ausgeschenkt wurde. Es entwickelten sich ebenso auch Trinkstuben der Handwerkerzünfte und Korporationen, in denen man trinken oder sich Bier in Kannen holen konnte. Die Schankwirte (Krüger, norddt. Kröger) wurden schnell von den Brauern abhängig. Das auf Kredit gelieferte Bier konnten sie erst von den Verkaufseinnahmen bezahlen. Wenn sie bei Qualitätsverschlechterung oder Preiserhöhung den liefernden Brauer wechseln wollten, war das nicht ohne Weiteres möglich. Ein anderer Brauer musste sie freikaufen, was nicht immer legal war, aber so gehalten wurde. Die alten Schulden mussten vorher bezahlt werden. Nachdem der eigene Markt im 14. Jahrhundert versorgt war, begannen die Brauer ihr Bier zu exportieren. Es ging auf dem Seeweg in Länder, in denen das Brauen mit Hopfen noch relativ unbekannt war. Die Stralsunder belieferten zum Beispiel Skandinavien, England, Schottland und die Niederlande. Das exportierte Bier war stärker als das an die städtischen und ländlichen Krüge gelieferte. Natürlich entstand unter den Brauern auch Konkurrenz. Man versuchte mit Preisunterbietung und Bestechung von Krügern die eigenen Geschäfte zu verbessern. 1594 wurde mit dem Zusammenschluss von Brauern und Mälzern zu einer Kompanie eine Brauordnung erstellt.

Nach dem Dreißigjährigen Krieg, der 1648 beendet wurde, war beim Stralsunder Bier ein deutlicher Qualitätsverlust in Bezug auf Haltbarkeit und Geschmack zu erkennen. Die Gründe dafür sind heute schwer nachzuvollziehen.

Das Deutsche Reinheitsgebot

Bis ins 16. Jahrhundert hinein wurden für die Bierwürze immer noch verschiedene Kräuter verwendet, darunter auch solche, die bewusstseinserweiternde, berauschende Wirkung hervorriefen, obwohl der Kaiser und mehrere süddeutsche Fürsten Vorschriften für das Brauen nur mit Hopfen und Malz erlassen hatten. Es wurde diesbezüglich sogar die Arbeit der Brauer überwacht. Im April 1516 gab der Bayernherzog Wilhelm IV., ein Bierkenner, im Landtag von Ingolstadt ein Gesetz mit dem Inhalt heraus, dass überall im Fürstentum Bayern für das Bier nur Gerste, Hopfen und Wasser verwendet werden soll. Die Verwendung bisher genutzter Kräuter wurde bei Strafe verboten. Aus diesem „Bayerischen Reinheitsgebot“ wurde das „Deutsche Reinheitsgebot“.

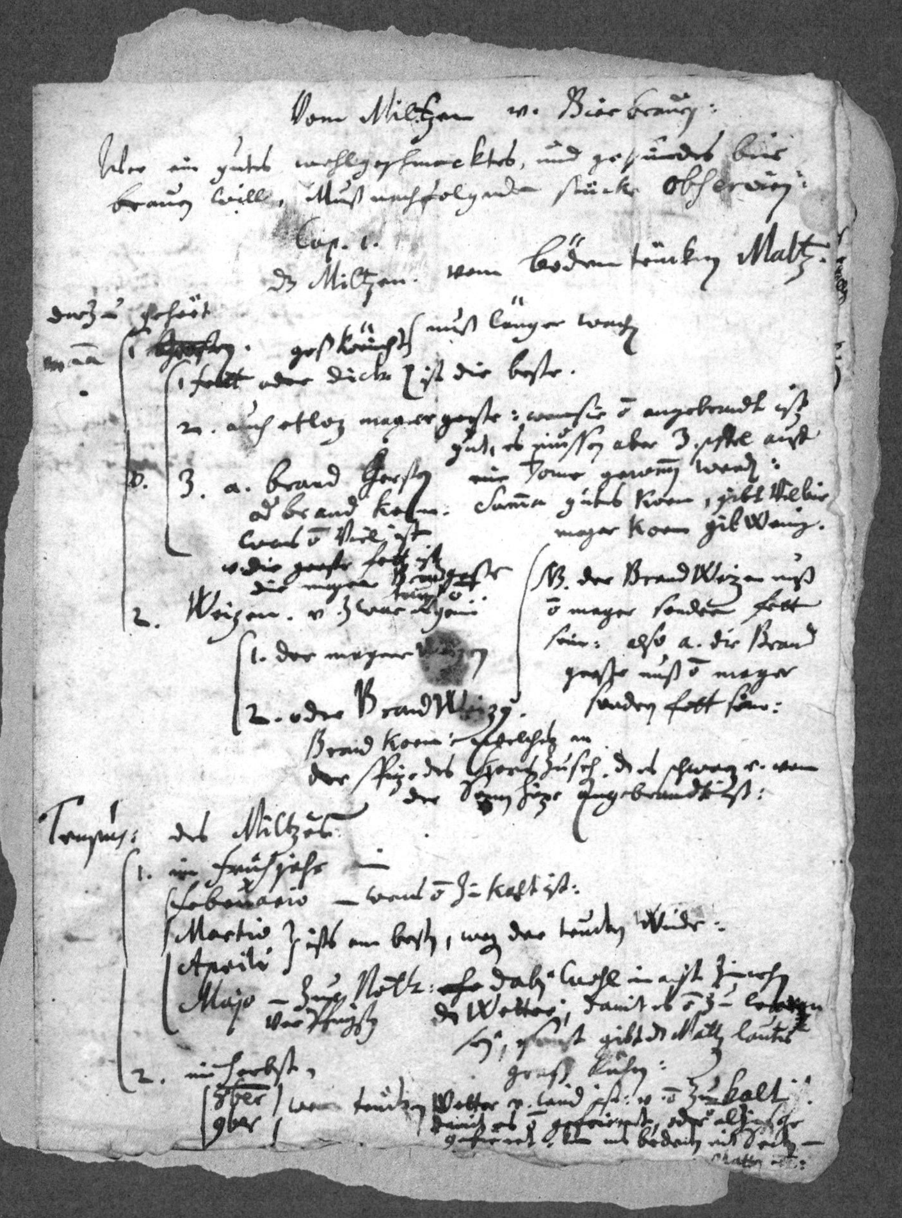

Abb. 1 Erste Seite einer alten Brauanleitung

War es kriegsbedingt ein Mangel an Hopfen, war es eine Folge des sogenannten Reihebrauens, bei dem die Brautätigkeit in einem zeitlichen Rahmen von einem Brauer auf einen anderen überging? Festgelegt wurde die Menge des verwendeten Malzes, was Individualität nahezu ausschloss. Der gute Ruf des Stralsunder Biers war dahin. Besser schmeckte das Barther, Pasewalker und Rostocker Bier. Für Feste und den Ratsbierkeller wurde der Import besserer und stärkerer Biersorten vom Rat gestattet. Ende des 19. Jahrhunderts waren nur noch zwölf Brauhäuser, darunter das von C. A. Beug in der Filterstraße und das von C. A. Langemak in der Mönchstraße, in der Stadt zu finden. Dafür hatten sich die Branntweinbrenner durchgesetzt. Doch dazu später. In der zweiten Hälfte des 19. Jahrhunderts entstanden mehrere größere Brauereien. Dazu gehörten die Bellevue-Brauerei in der Prohner Straße, die in der Mönchstraße 46 einen Ausschank hatte, die Brauerei Volksgarten am Katharinenberg 13 mit schönem Biergarten und die Schloßbrauerei in der Sarnowstraße / Gerhart-Hauptmann-Straße, die einen Ausschank in der Heilgeiststraße 87, das „Schloßbräuhaus", betrieb. Nun mag man denken, dass mit neuen Braustätten auch ein besseres Bier in die Kneipen und Restaurants kam. Ein anonymer Leserbrief, am 25. Januar 1900 in der Stralsundischen Zeitung abgedruckt, offenbart jedoch ein Problem. Der Verfasser, der sich offensichtlich mit der Materie auskannte, schrieb von einem Streit zwischen Wirten und Brauern über eine Bierpreiserhöhung, die ihre Ursache in teuren Rohstoffen habe. Er konstatierte, dass der Bierpreis nirgendwo in Deutschland so niedrig sei wie im Stralsunder Regierungsbezirk und die Abnehmer nur darauf achteten, das billigste Bier zu kaufen. Dieser Preisdruck führe dazu, qualitativ schlechteres Bier zu brauen. „Die niedrigen Bierpreise haben viele Brauer gezwungen, Reis mit zu verwenden und auch wohl andere Surrogate; als Aequivalent für die höheren Bierpreise beabsichtigte man, diesen Mißstand zu beseitigen und ein stärkeres Bier zu liefern, das nur aus Hopfen und Malz gebraut

Abb. 2 Brauer bei der Arbeit

Abb. 3 Stammhaus der Stralsunder Vereinsbrauerei in der Ossenreyerstraße

Abb. 4 Emaillewerbeschild der Brauerei

ist." Der Verfasser meinte zurecht, dass das im Interesse der Wirte und Biertrinker liegen müsste. Des Weiteren forderte er, dass der Lieferant sagt, woraus sein Bier besteht, und eine regelmäßige amtliche chemische Untersuchung des Biers. Die Verwendung von Ersatzstoffen sollte seiner Meinung nach gesetzlich verboten werden. Abmildernd fügte er an, die Preiserhöhung sei den Wirten wohl schlecht erklärt worden. Er hoffe aber auf eine Einigung zwischen Brauern und Wirten. Wie zum Beweis, dass es eine schnelle Trendwende geben kann, inserierte drei Monate später die Brauerei August Biederstedt in Richtenberg und pries ihr Lagerbier mit ausdrücklichem Hinweis an, dass es frei von allen Ersatzstoffen sei, also kein Reisbier. Darunter findet sich ein Gutachten des chemisch hygienischen Untersuchungsamtes in der Fährstraße. Biederstedtsches Bier führten Hermann Günthers „Bierhalle" in der Wasserstraße 9, Eduard Günthers „Zum Lachs" in der Badenstraße 27, das Lokal „Stadt Bergen" am damaligen Langentor sowie das „Elysium" und der „Schweriner

Hof“. Die drei genannten Brauereien schlossen sich 1906 zur Hansa-Brauerei AG zusammen, die bis 1912 bestand und mit der Union-Bierbrauerei AG konkurrierte. Diese stand an der Rostocker Chaussee und ging 1930 in Stadteigentum über. Lediglich die Stralsundische Vereinsbrauerei GmbH (VB) überlebte die Zeiten. Sie hatte ihren Ursprung in der Ossenreyerstraße 7 und schenkte selbst im Rathausgewölbe aus.

Später übernahm sie das bekannte Grundstück an der Greifswalder Chaussee. In den letzten Jahren der DDR schon ziemlich ruinös, wurde sie nach der Wende von der Familie Nordmann gekauft und ab Mitte der Neunzigerjahre wieder auf guten Kurs gebracht. Aus der Stralsunder Brauerei (SB) wurde ab 1991 die Störtebeker Braumanufaktur, die seither nicht nur viele Stralsunder gastronomische Einrichtungen beliefert, sondern durch Auszeichnungen und Preise national und international auf sich aufmerksam macht. Stralsunder Bier hat wieder einen guten Ruf.

Abb. 5 Die Stralsunder Braumanufaktur

Die Schankwirtschaften im Mittelalter

Leider gibt es sehr wenige Quellen, die uns etwas über Gasthäuser und ihre Wirte sowie Regeln und Gebräuche einer kommerziellen Gästeversorgung sagen.

Das gilt auch für Stralsund. Im Ältesten Stralsundischen Stadtbuch von 1270 bis 1310, in welchem Rechts- und Geldgeschäfte aufgeführt sind, findet man die Bürger Nikolaus, Henneke und Johannes als Krüger. Mit der wachsenden Zahl von Brauern in der Stadt nahm mit Sicherheit auch die Zahl der Schankwirtschaften zu. Der Rat der Stadt hatte daran großes Interesse und förderte die Entstehung von Gasthäusern wegen der Gewinne durch die Biersteuer. Im Zweiten Stadtbuch ist 1332 eine taberna opud passagium genannt, also eine Schankwirtschaft an der Fährüberfahrt. Es handelt sich um die heutige Hafenkneipe „Zur Fähre". Es gibt auch einen Hinweis auf die Tochter des Wirts, die tabernatoria, die hier bereits 1310 erwähnt ist. Das lässt die Schlussfolgerung zu, dass das 1280 vor dem Fährtor erbaute Haus von Anfang an von seinem Eigentümer als Schankwirtschaft gedacht war.

Abb. 6 Die spätere Hafenkneipe „Zur Fähre" rechts vor dem Fährtor

Oft lagen mittelalterliche Schankwirtschaften und Gasthäuser bei den Toren der Stadt. Das ist in Stralsund des Weiteren nachweisbar vor dem Semlower Tor, vor dem Badentor, am Frankentor, vor dem Langentor, vor dem Kütertor, vor dem Tribseer Tor und hinter dem Kniepertor. Im Allgemeinen gab es auch eine Nähe zu Märkten, Häfen, Brücken, Mühlen, Furten an Flüssen und Kreuzungen von Handelsstraßen – kurz, überall da, wo

Einheimische und Reisende Waren austauschten, versprach eine Schankwirtschaft ein lohnendes Geschäft. Und nicht nur das. Man handelte hier auch mit Lebensmitteln und Handwerkserzeugnissen und machte auch andere Geschäfte. Wirtschaften konnten sogar als Zollstellen dienen. So ist es wohl folgerichtig, dass sich Krüger je nach Situation „spezialisierten", zum Beispiel als Herberge für fremde Kaufleute, wie sie in Stralsund schon 1278 nachweisbar ist, als Gasthäuser mit Ausspannmöglichkeiten für Fuhrleute oder sich Reisenden zu Fuß anboten. Auch Gesellenherbergen entstanden, zu denen eine Schankstube gehörte. Sie wurden von Krugvätern geleitet, die reisende Gesellen aufnahmen und die Mitverantwortung für den Schutz der Gesellenlade trugen. Das war eine Truhe, in der Urkunden, Wertgegenstände und Geld der Gesellen aufbewahrt wurden. In jedem Fall musste der Krüger das Krugrecht beziehungsweise die Schankgerechtigkeit besitzen. Das war ein Nutzungsrecht oder Vorrecht zur gewerblichen Bewirtung von Gästen, das an das Haus gebunden war. Für den Ausschank in all diesen Wirtschaften gab es Bestimmungen, die den Besuchern einer Schankstube wie auch der öffentlichen Ordnung dienten. Die Krüger sollten immer auf volles Maß achten. Würfel- und Glücksspiel waren verboten. Der Gastraum musste einsehbar sein und unzüchtiges Verhalten von Schankmädchen wurde bestraft. Geistlichen war der Besuch von Gasthäusern nur gestattet, wenn sie auf Reisen waren. Während des Gottesdienstes war der Ausschank in den Kneipen verboten. Diese Regel findet man in Kirchenstatuten, und sie galt noch jahrhundertelang.

Schon damals waren Schankwirtschaften und Gasthäuser Orte der Kommunikation. Hier konnte man sich informieren und Meinungen austauschen. Das geschah häufig laut. Zum Gerede kamen Geschrei, Gesang und mitunter Raufereien, auch wenn der grüne Kranz oder Blätterzweig über der Tür nicht nur für Ausschank stand, sondern auch für Frieden. In Stralsund erwähnte der Bürgermeister Nikolaus Gentzkow 1559, dass der frühere Bürgermeister Zabel Oseborn bei einer Wirtshausrauferei im „Barther Keller" so schwer am Kopf verwundet wurde, dass er nach sieben Tagen starb. Es ist anzunehmen, dass es eine politische Auseinandersetzung war. Über der Tür jeder Wirtschaft befand sich ab dem 14. Jahrhundert auch der Name der Kneipe, oft auf einem Schild, einem Aushänger. So fanden Fremde in Stralsund den „Pastetenkrug", den „Pasewalker Keller", den „Blauen Krug" oder die „Drei Kronen". Übrigens, ein Plumpsklo oder Waschmöglichkeiten gab es in den ersten Jahrhunderten für die Gäste noch nicht.

Das Leben eines Krügers war nicht einfach. Er hatte Abgaben an den Eigentümer des Hauses in Form von Geld oder Naturalien abzuliefern. Eine Pacht war möglich. Das brachte ihm eine größere Selbstständigkeit. Natürlich musste er dafür einen Zins bezahlen. Die Pacht war erblich oder für einen bestimmten Zeitraum festgelegt. Oftmals gingen Krüger auch noch einer weiteren Tätigkeit nach beziehungsweise sahen den Schankbetrieb als Ergänzung ihres Berufs an. Das war auch noch nach dem Mittelalter so. In Stralsund waren Krüger häufig auch Schiffer. Das ist bei sieben Krügern der Hafenkneipe „Zur Fähre" nachweisbar. Tieges Kniephoff, Claus Kniephoff und Hans König beispielsweise waren neben ihrer Tätigkeit als Krüger Mitglieder der Schiffer-Compagnie. Während die Männer auf See waren, mussten sich die Ehefrauen um die Schankwirtschaft kümmern. Das bedeutete, dass sie rechnen und schreiben können mussten, was für Frauen in jenen Zeiten nicht normal war. Im Übrigen galten viele Schänken wie ihre Wirte im Mittelalter lange als unehrenhaft. Sie wurden überwiegend von den unteren Bevölkerungsschichten besucht, und das war für die Wohlhabenden anrüchig. Noch heute werden in Märchen- oder Abenteuerfilmen Wirte als verschlagen, geldgierig oder zwielichtig dargestellt. Ein schlechter Ruf hing allerdings manchmal an den Gastwirtshäusern (hospitium), seltener an den Schänken (taberna). Andererseits waren Gastwirte in Stralsund später Bürger 1. Grades, Schankwirte dagegen Bürger 3. Grades. Man muss also schon sozial differenzieren.

In der Schwedenzeit

Im Jahr 1627 begann für Stralsund ein neuer Zeitabschnitt. Im Verlauf des Dreißigjährigen Krieges deutete sich an, dass die Truppen des kaiserlichen Feldherren Albrecht von Wallenstein die Stadt einnehmen wollten.

Es kam zur Belagerung, die aber durch das Eingreifen der Dänen und Schweden letztendlich erfolglos blieb. Zufälligerweise gibt es aus diesem Jahr 1627 ein Verzeichnis der Krüger in Stralsund. Mit deren Namen sind uns auch die Straßen, in denen sich ihre Schankwirtschaften befanden, genannt. Eine exakte Lage ist aber wegen der fehlenden Hausnummern in dieser Zeit

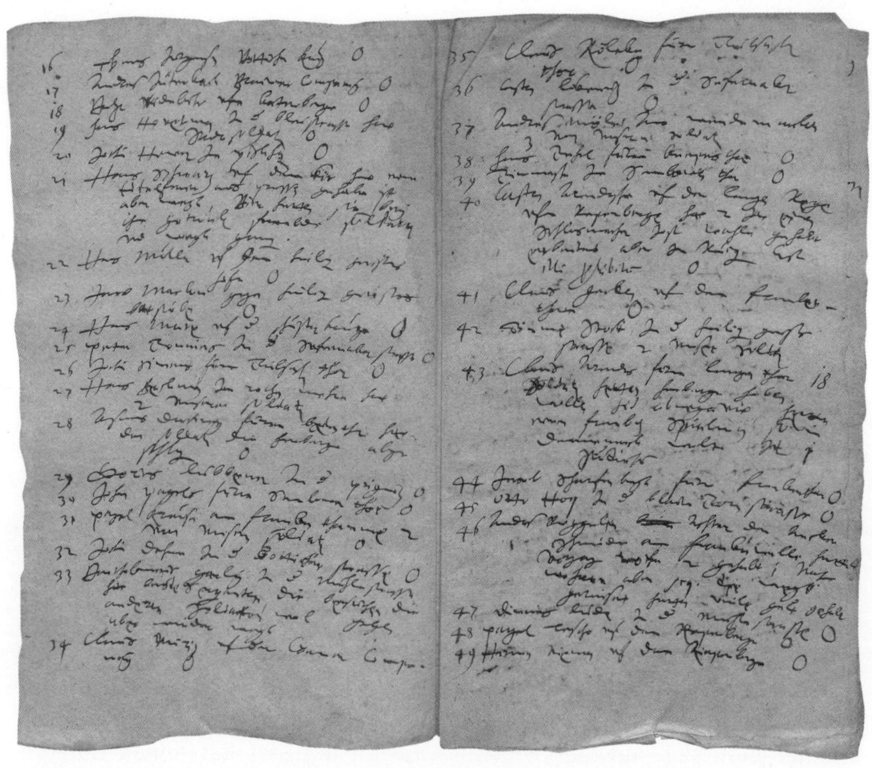

Abb. 7 Verzeichnis der Krüger in Stralsund von 1627

nicht zu bestimmen. Recht eindeutig ist das nur bei den 17 Schänken, die sich an den Stadttoren befanden. Dazu gehörten zum Beispiel die schon erwähnte Schänke von Claus Möller vor dem Fährtor oder von Hans Tode vor dem Badentor. Mehrere Krüger sind in der Bleistraße, in der Frankenstraße, in Pickhagen (heute Teil der Badstüberstraße), in der Heilgeiststraße und am Plundermarkt (heute Apollonienmarkt) genannt. Insgesamt sind beachtliche 92 Schankwirtschaften aufgeführt. Nach der schwedischen Stadtaufnahme 1706/07, die der Besteuerung diente, ist Schankwirtschaft auf mindestens 51 Grundstücken nachweisbar, davon 24 Schankgerechtigkeiten im Nikolaiviertel, 23 im Marienviertel und je zwei im St. Jürgen- und im Jakobiviertel. Im Marienviertel waren es überwiegend Bierschänken, während im Nikolaiviertel Weinschänken überwogen. Das hatte sicher auch mit dem reichen Bürgertum dieses Gebiets zu tun.

Eine Frage der Achtung

Den Schweden war durch den Westfälischen Frieden 1648 Stralsund als Besitz zugesprochen worden. Sie blieben bis 1815. Die Garnison in der Stadt verstärkte sich von einigen hundert Mann Mitte des 17. Jahrhunderts auf bis zu 3.000 Mann 1730. Das bedeutete für die Schankwirte neue Kundschaft, aber es kam auch zu Konflikten und Ausschreitungen.

Ein Fall aus dem Jahr 1784 war noch relativ harmlos, rührte aber an der Ehre und dem Selbstbewusstsein der Bürger. Der Kommandeur der Garnison Generalleutnant von Armfeldt beschwerte sich bei den Stadtvertretern, dass die Bürger 2. und 3. Standes, die morgens beim Gastwirt Dähn frühstückten, die Unhöflichkeit hätten, beim Eintreten von Offizieren nicht die Hüte abzunehmen. Man erbitte sich doch mehr Achtung. Im Rat wurde diskutiert, und man war sich wohl einig, dass es nicht nötig sei, in öffentlichen Wirtshäusern den Offizieren diese Geste schuldig zu sein. Auch Gerichtsvertreter beschäftigten sich mit dieser Sache. Obwohl nun der Rat seinen Bürgern einerseits Recht gab, wollte er es aber andererseits nicht zu einem Konflikt mit dem Militär kommen lassen. Ein Kompromis wurde gefunden. Der Wirt wurde freundlich aufgefordert, für die betreffenden Bürger ein besonderes Zimmer zur Bewirtung einzurichten. Die Bürger, insbesondere die Ratsdiener, sollten gewarnt werden, den Offizieren keinen Anlass zur Beschwerde zu geben, und ihnen gegenüber Höflichkeit und Bescheidenheit an den Tag legen. Von dieser Entscheidung sollte dem Kommandanten berichtet werden. Das geschah, aber in dem Schreiben verwies der Verfasser auch auf das Recht der Wirte, einem jeden, der zahlt, mögliche Freiheiten zu lassen und ihm nicht etwas zur Pflicht zu machen, was dieser nicht will. Regeln würden durch die Akzeptanz aller Gäste anerkannt. Deshalb sollten sich die beschwerdeführenden Offiziere am besten ein eigenes Zimmer vom Wirt geben lassen. Dies wäre die Umkehrung der ursprünglichen Lösung gewesen. Es findet sich ein Vermerk in den Akten, dass dieses Schreiben wohl in dieser Fassung nicht ausgeliefert werden sollte. Die Wirte müssten eine Entscheidung treffen. Zehn Jahre später schickte der Vertreter der schwedischen Regierung ein Schreiben an die Landräte, Bürgermeister und Ratsmitglieder Schwedisch-Pommerns. Die königliche Majestät habe für ihre Regimenter ein neues Reglement erlassen. Darin werde unter anderem verordnet, dass statt des „Hutabziehens" gegenüber Offizieren und Unteroffizieren bei einer Begrüßung nun die „Aufrichtung dreier Finger am Hut und eine etwaige Verbeugung" ausreichen. Das würde Personen des bürgerlichen Standes wohl eher entgegenkommen.

Mord in der Kneipe

Dass Konflikte zwischen Militärangehörigen und Bürgern auch eskalieren konnten, zeigt der folgende Fall aus dem Jahr 1703.

Der Schankwirt Daniel Röhls hatte seine Kneipe in der unteren Heilgeiststraße. Am Nachmittag des 5. Septembers saßen dort zwei Soldaten aus der Kompanie des Hauptmanns Rahm und tranken Branntwein. Nachdem sein Kamerad gegangen war, blieb der Soldat Michel Wulff noch sitzen und leerte noch vier Krüge Bier. Er verwickelte den Schankwirt in ein Gespräch, in dem es um die Tochter Röhls' ging. Wulff äußerte, dass er innerhalb eines Jahres die Tochter des Wirts heiraten werde. Röhls nahm das nicht ernst und erwiderte, dass sie wohl einen anderen Mann bekommen werde und scherzte: „Ihr habt ja nur drei Finger an der Hand." Der Soldat ging noch einen Schritt weiter und forderte nun noch 100 Taler Kapital dazu, stieß Röhls mit dem Kopf gegen die Wand und verließ die Schankwirtschaft. Er kam aber nach einiger Zeit wieder und hatte seinen Degen dabei. Vom Wirt forderte er weiteres Bier und wollte das Geld für das bereits getrunkene wiederhaben. Um Frieden zu haben, gab die Frau des Wirts ihm das Geld. Nach weiterem geforderten Bier machte Röhls dem Soldaten deutlich, dass er umsonst nichts mehr bekomme, denn er müsse ja den Brauer bezahlen. Wulff wurde nervös und sah sich mehrfach in den Nischen der Gaststube um. Er stellte fest, dass keine Gäste mehr dasaßen. Während dessen versuchte die Frau des Wirts ihren Mann aus dem Gastraum zu schieben, was ihr jedoch nicht gelang. Also verließ sie den Raum. Nun trat der Soldat auf Röhls zu, versetzte ihm einen Hieb mit der Faust, griff zum Degen und stach diesen mit einem Fluch dem Wirt in den Bauch. Der krümmte sich und sackte zusammen. Wulff ging zur Haustür, steckte sich die Waffe ein und lief davon. Die Frau rief den Stadtbarbier Bartels, da dieser auch Arzt war. Er versorgte den Schwerverletzten, der sich noch stundenlang quälte, bis er morgens um 3.00 Uhr an der tiefen Verletzung starb. Bartels erstattete Anzeige beim Gericht und gab das Geschehen zu Protokoll. Es folgte eine gründliche Untersuchung des Toten. Am nächsten Tag wurde das Gericht zusammengestellt. Der Soldat Wulff war bereits in Arrest genommen worden. Ein Urteil in der Sache ist leider nicht mehr auffindbar.

Mit dem Degen gegen das Gesetz

Eine Begebenheit im Jahr 1750 hätte für zwei Stralsunder Bürger auch übel ausgehen können. Der Hintergrund des Konflikts ist das schon erwähnte Ausschankverbot während der Predigten in den Kirchen.

Die Gerichtsdiener Suhr und Kleist berichteten, dass sie am Vortag während der Mittagspredigt im Bierkeller unter dem Rathaus Soldaten angetroffen hätten. Um keinen Lärm zu erregen, hätten sie den Wirt Hake gerufen und ihm den Verstoß gegen die Ordnung vorgehalten. Nach der Vorschrift hätten sie einen Trichter zum Pfand genommen, der bei der Stadtwache zur Einlösung gegen ein Strafgeld abgegeben wurde. Beim anschließenden Besuch der Nikolaikirche sei ihnen dann die Gruppe Soldaten, die im Keller gewesen war, in die Kirche gefolgt und hätte sie mit halb gezogenen Degen bedroht. Suhr und Kleist gelang es, die Soldaten hinauszudrängen, was einen Tumult im Gotteshaus vermied. Sie wollten dann sehen, ob in der nächstgelegenen Kneipe Gäste saßen und hätten auch dort Biertrinker angetroffen. Auch diesem Wirt wurde ein Pfand abgenommen und zur Wache gebracht. Am Rathauskeller standen wieder die Soldaten und einer hätte Suhr mit den

Worten „Treff ich dich, Schelm, hier!“ angeredet. Und wieder wurde der Degen gezogen. Als Suhr seinerseits den Degen zog, lief der Wortführer davon. Da die anderen Soldaten stehen blieben, habe er einen vorbeikommenden Nachtwächter zur königlichen Hauptwache geschickt und um Verstärkung und Arretierung bitten zu lassen. Darauf liefen auch die verbliebenen Soldaten weg. Als Suhr und Kleist nach Hause gingen, hörten sie, dass die Soldaten nun mit einem Trupp Jugendlicher unterwegs waren, um sie zu suchen. Sie konnten ihnen jedoch aus dem Weg gehen. Der Wirt sagte später aus, dass die Soldaten nur eine Flasche Bier haben wollten und er die Glocke zur Predigt in seinem Keller gar nicht gehört hätte. Als er den Trichter holen ging, hätte er den Soldaten gesagt, dass Suhr ihretwegen das Pfand gefordert habe. Als diese dann den Keller verließen, habe er sie nicht aufhalten können. Er habe sie nicht zu dem Tumult animiert. Der Wirt wurde vom Gericht trotzdem für schuldig erklärt und zu drei Reichstalern Strafe verurteilt. Die Soldaten, deren Namen ermittelt wurden, hat man ihrem Kommandeur zur Bestrafung übergeben. Der Soldat Drewes hatte am Tag nach dem Vorfall noch Suhr, dem er nachgegangen war, auf der Straße mit den Worten bedroht, dass er ihn in Stücke hauen würde, wenn der Wirt Strafe zahlen müsste. Nun wartete auf sie die Militärgerichtsbarkeit.

Im selben Jahr wurde eines sonntags der Gerichtsdiener Werner in der Wirtschaft des Brückenkrügers Bendt von einigen Soldaten verprügelt, so dass er einige Zeit besinnungslos am Boden lag. Erst nach Einschreiten einer Patrouille kehrte wieder Ruhe ein. Werner hatte während der Predigt eine Frau mit einem Krug Bier aus der Kneipe kommen sehen, der angeblich für eine kranke Frau gedacht war. Als er das Pfand vom Wirt forderte, attackierten ihn die Soldaten, die im Haus ihr Quartier hatten. Auch der Schankwirt Bendt wurde wegen seines Vergehens angeklagt. Über die Bestrafung der Soldaten ist auch in diesem Fall nichts Konkretes bekannt.

Die Maßnahmen der Behörden

Es stellt sich die Frage, ob der Rat der Stadt oder besser noch die schwedische Militärverwaltung effektive Maßnahmen gegen solche Ausschreitungen ergreifen konnte. Eine Grundlage war mit einer „Verordnung wider das Schwelgen und Saufen", die der schwedische König Friedrich bereits 1733 erlassen hatte, gegeben.

Diese Verordnung aus Stockholm wurde ins Deutsche übersetzt und sollte auch in Schwedisch-Pommern gelten. In einem Vorwort bezeichnete die Majestät Völlerei und Sauferei als Ursache für viel Missetaten und grobe Sünden, für Krankheiten und Gebrechen, für das Aufsspielsetzen von Hab und Gut, was häufig zur Verarmung führe. Es sei sein Verlangen, dass „alle verdammliche Schwelgerei und Völlerey in unser Land und Reich möge abgeschaft und ausgerottet werden." Damit hatte er ein hohes Ziel gesetzt. Die Maßnahmen zur Umsetzung waren drastisch. Hier nur einige Beispiele:

- Wer sichtlich betrunken ist, soll beim ersten Mal 5 Taler, beim zweiten Mal 10 Taler und beim dritten Mal 15 Taler in Silber zahlen. Kann er das Geld nicht aufbringen, so soll er 4 Tage, zum zweiten Mal 8 Tage im Gefängnis sitzen. Beim vierten Mal wären 20 Taler zu zahlen oder 14 Tage Haft bei Wasser und Brot anzuordnen. Auch sonntags im Block sitzen oder Auspeitschen mit Ruten wird festgelegt für Soldaten und einfaches Volk.

Ihro Königlichen Maytts.
allergnädigste
Verordnung
wieder
Das Schwelgen
und
Saufen
Gegeben zu Stockholm im Rath
den 17. April 1733
Ins Teutsche übersetzet.

Abb. 8 Titelblatt der Verordnung des schwedischen Königs Friedrich

- Bei einer begangenen Übeltat sollen Völlerei beziehungsweise Trunk nicht als Entschuldigung gelten.
- Ein Wirt soll seine Gäste vor langem Sitzen im Wirtshaus warnen. Wer entgegen der Warnung lange sitzen bleibt, soll 10 Taler Strafe zahlen. Es ist dem Wirt verboten, dem zu lange Sitzenden starke Getränke zu bringen.
- An Sonn- und Feiertagen sollen alle Wirtshäuser abends um 19.00 Uhr geschlossen werden.
- Vom 1. August bis 1. Mai müssen die Wirtschaften an allen anderen Tagen um 21.00 Uhr schließen, vom 1. Mai bis 1. August um 22.00 Uhr.

Die Verordnung sollte in den Kirchen von den Kanzeln herab verkündet werden und in den Gastwirtschaften ausgehängt sein.

Eine Umsetzung war sicherlich problematisch, da die festgelegten Geldbeträge gerade für die arme Bevölkerung riesige Summen darstellten. Die Erfolge bei der Durchsetzung von Ordnung und Sicherheit waren wohl auch dürftig, denn im Herbst 1751 entschloss sich der Rat, verstärkt Militärpatrouillen durch die Straßen und Gassen zu schicken, um Raub, Bedrohung und Ausschreitungen – oft unter Alkoholeinfluss – zu verhindern. Die Schankwirte hatte man wenige Jahre davor schon aufgefordert, kein Bier oder Branntwein nach 21.00 Uhr an Soldaten auszuschenken und die Nachtwächter und Gerichtsdiener beauftragt, darauf zu achten. Die Bürger, denen man Militärangehörige einquartiert hatte, sollten diese melden, wenn sie abends nach Trommelschlag noch das Quartier verließen. Es gab wohl auch unklare Anweisungen. Im November 1752 schrieb der Generalgouverneur und Reichsrat Graf Löwen eine Beschwerde über einen Schankwirt in der Nachbarschaft. Der Rat stellte fest, dass öffentlich gemacht wurde, dass nicht nur Soldaten abends um 21.00 Uhr, sondern auch Bürger nach 22.00 Uhr nicht in den Krügen geduldet werden sollten. Wir haben dazu aber nichts in unseren Akten gefunden, schrieb der Ratsvertreter daraufhin an die Gerichtsverordneten. Damals wäre solches praktikabel gewesen, da das Schankrecht bei wenigen Häusern lag und diese vom Rat konzessioniert wurden, hieß es weiter. Jetzt aber betreibt ein jeder Schankwirtschaft, und wir sind mit vier Dienern nicht in der Lage, solches zu Recht zu erklären und durchzusetzen. Eine frühere Schließung der Schankwirtschaften nach schwedischer Vorstellung erfolgte in Stralsund also nie. Eine Durchsetzung durch die Patrouillen würde den Bürgern Verdruss bringen, stellte die Behörde fest.

Die Konflikte wollen nicht enden

Vorerst gingen die Auseinandersetzungen in und vor den Schankwirtschaften weiter. Die Verstärkung der Patrouillen durch die Stadt war wohl noch keine Garantie für ruhige Verhältnisse.

Das zeigten Ereignisse im restlichen Jahr 1751. Vor Schankwirt Gramms Haus wurde an einem Sonntagabend der Soldat Jonas Holm von Handwerksgesellen, die dort beim Trinken waren, geschlagen und in den Rinnstein gestoßen. Anschließend provozierten sie den Unteroffizier Feldmann und drohten ihm Schläge an. So die Aussage eines anderen Unteroffiziers. Der Wirt gab Folgendes zu Protokoll: Holm habe heftig an seine Tür geklopft, dann Bier verlangt und ihn beschimpft. Er, Gramm, habe sich nicht getraut, die Tür zu öffnen und gesagt, der Soldat solle zu nachtschlafender Zeit kein Bier mehr verlangen. Er müsste längst im Quartier sein. Dann habe der Wirt die vorbeigehende Nachtwache um Beistand gebeten, die Holm aber vergeblich aufforderte, nach Hause zu gehen. Über den weiteren Gang der Dinge gibt es verschiedene Aussagen. Der Krawall auf der Straße war groß, da sich Holm nicht beruhigen ließ. Das Gericht beklagte später, dass niemand es geschafft habe, den „besoffenen Holm“ in Arrest zu bringen. Der Wirt hatte insofern richtig gehandelt, Holm das Bier zu verweigern, da nach geltender Verordnung nach 21.00 Uhr kein Bier an Soldaten ausgeschenkt werden durfte. Zwei Monate später ordnete Generalmajor Baron von Schwerin an, dass alle nach 21.00 Uhr in den Gassen angetroffenen Soldaten von der Nachtwache auf die königliche Hauptwache gebracht werden müssten, wo sie sofort am nächsten Tag bestraft werden würden.

So sinnvoll der Einsatz der Patrouillen auch war, die Bürger empfanden sie manchmal auch als belastend. Im Dezember desselben Jahres gab der Wirt Johann Christian Dahnicke den Alterleuten (Vorsitzenden) des Schusteramtes bekannt, dass am Sonntag drei Männer von der Patrouille bei ihm anfragten, ob unter seinen Gästen Soldaten wären. Er sagte ihnen, dass nur Schustergesellen, die im Hause Herberge haben, sich in der Schankstube aufhielten. Das wiederholte sich einige Tage später. Obwohl er ihnen Auskunft gab, seien die Wachleute zwischen 22.00 und 23.00 Uhr wiedergekommen und wären mit aufgepflanztem Bajonett in den Gastraum zu den Gesellen eingedrungen und wollten diese in Arrest nehmen, da sich zu dieser Zeit niemand in der Wirtschaft aufhalten dürfe. Dahnicke verteidigte die Gesellen und erklärte, warum sie sich im Hause aufhalten. Die Patrouille wurden sie nur mit Mühe wieder los. Die Alterleute wandten sich mit einer Beschwerde an das Gericht. Es war nun die Frage zu klären, ob sich die Patrouillen des Eindringens in bürgerliche Häuser enthalten und die Kontrollen auf andere Art durchgeführt werden könnten, vielleicht wie im folgenden Fall aus dem Jahr 1760. Aber scheinbar behielt da der Wirt die Oberhand.

Die Gerichtsdiener Meyer und Schultz waren auf Anordnung des Gerichts auf Kontrollgang. Vor der Wirtschaft des Branntweinbrenners Gottfried Becker sahen sie durch das Fenster noch sehr viele Soldaten sitzen, obwohl es schon 22.00 Uhr war. Nach eigener Aussage seien sie nicht hineingegangen, sondern hätten nur an das Fenster geklopft, um den Wirt auf sie aufmerksam zu machen. Becker wäre herausgekommen, und sie hätten sich als Gerichtsdiener erklärt. Als sie nach Klärung der Situation gingen, sei ihnen Becker noch einige Schritte nachgekommen und habe sie als Canaillen und Spitzbuben beschimpft. Die „unanständigen Reden“ gegen das Gericht soll er später geleugnet haben. Nun hatte man festgestellt, dass sich Spielgesellschaften in seinem Haus aufhielten. Ein Zeuge sagte aus, dass Becker Spielern aus der Garnison sogar eine eigene Stube in seinem Haus eingerichtet habe. Da käme es auch zu Betrügereien oder gar zu Raub des Geldes von „einfältigen Leuten“. Der Zeuge, ein Branntweinbrenner aus der Nachbarschaft, erklärte weiter, diese Spieler hielten sich mit Wissen des Wirts im Haus auf. Er könne aber nicht sagen, ob der Wirt selbst beteiligt sei oder etwas von dem abgenommenen Geld erhalte. Es sei wohl nicht vorstellbar, dass er ohne eigenen Vorteil die betrügenden und raubenden Spieler habe gewähren lassen. Dieser Vermutung kann man sich wohl anschließen.

Zusammenfassend sollte man davon ausgehen, dass die große Mehrheit der inzwischen etwa 150 Schank- und Gastwirte in der Stadt ehrlich und gesetzeskonform ihr Gewerbe betrieb. Auch die Auseinandersetzungen mit dem Militär waren nicht beständig an der Tagesordnung. Dafür gab es harmlose Meinungsverschiedenheiten über die Qualität des Biers. 1764 kamen von der Garnison Beschwerden, das von den Schankwirten ausgeschenkte Bier sei zu schwach. Die Brauer- und Mälzerkompanie verteidigte sich wortreich und merkte an, es sei schon merkwürdig, dass sich nur die Garnison und nicht die Bürger beschwerten. Sie hätte den Krügern bei Androhung schwerer Strafe angeordnet, Starkbier nicht durch schwächeres zu verfälschen, was wohl schon vorgekommen sei. Wie schon erwähnt, stand es um die Qualität Stralsunder Biers in dieser Zeit wirklich nicht zum Besten. Damit mussten sich die Soldaten und Offiziere (und Stralsunder Bürger) noch einige Jahrzehnte abfinden.

Das Problem des Eindrangs

Eindrang war schon lange ein häufig auftretendes Problem, das im Handwerk und im Gewerbe auftrat. Wenn zum Beispiel in den Handwerkszweigen die Grenzen der vom Handwerker durchzuführenden Arbeiten nicht genau abzustecken waren, ermöglichte das einem anderen, sich in die Arbeit einzumischen.

Gleiches war im Handel und im Gewerbe zu beobachten. Es war immer ein Zeichen von Konkurrenz, aber auch von Neid und Missgunst. 1724 beschwerten sich verschiedene Handwerker und Schankwirte bei der Stadt darüber, dass es beim Regiment 25 Marketender (die Truppe begleitende Händler und Versorger) gab, die Nahrungsmittel und alkoholische Getränke nicht nur an die Militärangehörigen verkauften. Die Konzession dafür hatten sie von der königlichen Regierung.

Die Stadt wurde gebeten zu bewirken, dass die königliche Majestät verfügen lässt, dass solche nachteiligen Konzessionen und die beim Militär „eingeschlichenen schädlichen Marketendereien“ gänzlich verboten werden. Sie sahen das als Eindrang in ihre eigenen Geschäfte. Beim Trautvetterschen Regiment zum Beispiel sollten nicht mehr als zwei Marketender geduldet werden, die auch nur die dortigen Unteroffiziere und Soldaten mit dem Nötigen beliefern.

Eindrang konnte auch schwere Folgen für die Gesundheit mit sich bringen. Da sah sich 1806 der Leibarzt Ritter Haken verpflichtet, den Herren des Gerichts zu berichten, dass Hauptmann Montgomery durch den Genuss von Speisen des Wirts der Brauerkompanie Lüdike in der Semlower Straße sehr krank geworden sei. Sein Essen war wahrscheinlich in schlecht verzinnten Gefäßen gekocht worden. Es schien aus Sicht des betroffenen Offiziers und des Arztes geraten, auch das kupferne Geschirr in den hiesigen Gastwirtschaften untersuchen zu lassen. Das Gericht erteilte die entsprechende Verfügung für alle Schänken. Man erinnerte sich, dass schon 1774 im Gespräch war, dass das Verhältnis von Blei und Zinn, wie es die Stralsunder Zinngießerei verwendete, nicht den Vorschriften entsprach. Der reine Zinngehalt war zu niedrig. War dies wieder eine Nachlässigkeit? Das Kupferschmiede- und Zinngießeramt sollte bei der Untersuchung mitwirken. Der Verdacht fiel auf Verzinner, die nicht Mitglieder des Amtes und wahrscheinlich Militärangehörige waren. Und so fand man die Spur zum Täter, der gepfuscht hatte. Das Amt der Kupferschmiede bat nach den Untersuchungen erneut um ein Verbot der Betätigung von Militärpersonen in ihrem Gewerbe. Sie sahen das als Eindrang an. Die Bitte war berechtigt, denn schon 1780 sollten Schutzbestimmungen allen Militärwerkstätten Arbeiten für Stralsunder Bürger untersagen. Doch den Weg des Verbots wollte die Obrigkeit nicht gleich gehen, da es alte Kontrollverordnungen gab und man ungern Maßnahmen gegen Militärangehörige ergreifen wollte. Wichtig war, dass der Hauptmann überlebte und der Wirt unschuldig war.

Marketender bei den schwedischen Regimentern

Marketender waren Soldaten, die als Händler die Regimenter mit Lebensmitteln und Gebrauchsgegenständen versorgten. Für ihr Amt wurden sie schriftlich vereidigt. Dabei wurden sie unter anderem angewiesen, Getränke nicht mit Wasser zu verfälschen, kein Fleisch von kranken Tieren zu verkaufen und während des Gottesdienstes und nach dem Zapfenstreich kein Bier oder Branntwein auszuschenken. Sie sollten auch darauf achten, dass niemand zu viele starke Getränke zu sich nimmt, also die Soldaten weitestgehend zur Nüchternheit anhalten. Des Weiteren sollten sie kranke Soldaten mit der Krankheit angemessenem Essen versorgen. Von den Kommandeuren war ihnen befohlen worden, ihre Waren nur an Soldaten und Offiziere zu verkaufen, was viele Marketender aus Geschäftstüchtigkeit missachteten.

Ein abgeschnittener Finger

Vor einer schwierigen Verhandlung stand das Gericht 1742. Ein mysteriöser Vorfall im Hause des Gastwirts Hinrich Scheele beschäftigte die Behörden monatelang.

Am 11. August zeigte die Ehefrau des Corporals Matthies an, dass sie bei einem Besuch bei Scheele von dessen Frau gebeten wurde, ihr beim Umziehen zu helfen. Dabei habe sie versehentlich mehrere Sachen heruntergerissen, darunter einen mit einem langen Band verschnürten Beutel. Als sie diesen öffnete, habe sie darin einen Finger gefunden. Sie sei dann stillschweigend mit dem Beutel nach Hause gegangen und habe den Fund ihrem Mann und auch anderen Leuten gezeigt. Letztendlich hätte sie auch den Wirt informiert. Bei gründlicher Durchsuchung des Beutels soll auch ein männliches Glied gefunden worden sein, welches sich später jedoch als Wurzel herausstellte. Nachdem Frau Matthies diesen unangenehmen Fund angezeigt hatte, begann das Gericht mit den Befragungen. Der Wirt gab zu Protokoll, dass er die Hilfe der Matthies für seine Frau bestätige, dann sei er ausgegangen. Als er nach anderthalb Stunden zurückkehrte, sei ihm der Corporal schon gefolgt und habe ihm unter Vorzeigen des Beutels gesagt, was seine Frau darin gefunden habe. Beide Männer hätten sich darauf geeinigt, den Beutel nur unter Zeugen zu öffnen. So wurden noch vier Personen dazu geholt. Scheele habe dabei deutlich gemacht, dass er den Beutel noch nie gesehen habe. Später rechtfertigte er sich in einem vierseitigen Schreiben an das Gericht, bezeichnete Matthies' Frau als Denunziantin und erklärte verschiedene Möglichkeiten, wie der Finger in sein Haus gekommen sein könnte. Scheeles Ehefrau drückte im Verhör ihre Empörung darüber aus, dass die Matthies den Fund zunächst verheimlicht und auch ihr Mann ihn nicht gleich den Scheeles gezeigt habe. Vielleicht habe sie den Beutel gar nicht im Haus des Wirts gefunden. Hinrich Scheele wurde noch einmal vom Gericht aufgefordert, die Wahrheit zu sagen. Aber er blieb dabei, nichts zu wissen. Auch seine Frau betonte wiederholt ihre Ahnungslosigkeit. Der Corporal erzählte dagegen bei weiterer Befragung, Scheele habe ihm auf den Vorwurf, er hätte jemanden erschlagen und ihm dann den Finger abgeschnitten, gesagt, es sei der Finger des Soldaten Baar. Dieser habe vier Wochen krank bei ihm gelegen und wahrscheinlich den ihm abgenommenen Finger liegengelassen. Mittlerweile war auch ein Arzt bei den Untersuchungen hinzugezogen worden. Das führte zu keinen neuen Erkenntnissen. Bei einer letztmaligen Befragung des Wirts im Oktober äußerte dieser die Vermutung, dass es der Finger Baars sein könnte. Der habe öfters einen Finger bei sich gehabt. Aber wie er nun in den Beutel und damit zwischen die Einrichtung der Scheeles gekommen sei, wisse er nicht. Das Gericht war nicht von diesen Antworten überzeugt, musste nun aber zu einem Urteil kommen. Die Richter verurteilten den Wirt und seine Frau aus Mangel an Beweisen zu einer geringen Geldstrafe.

Andere Sorgen der Wirte

Gelegentliche Probleme bereitete den Wirten nicht nur der Umgang mit dem Militär in der Schwedenzeit, sondern manchmal auch das gewinnorientierte Wirtschaften.

1688 richtete der Bürgermeister der Stadt Barth im Namen der Barther Brauer ein Ersuchen an die Stralsunder Schankwirte („die freundlichen lieben Nachbarn") um eine den teuren Zeiten entsprechende Bezahlung des gelieferten Biers. Auf das Barther Bier wollte man wegen seiner guten Qualität nicht verzichten. Also taten die Wirte gut daran, den höflichen Forderungen nach einem höheren Preis nachzukommen, der seine Ursache in gestiegenen Rohstoffkosten hatte.

Auf die schwere Pestepedemie 1710/11 war der Rat einigermaßen vorbereitet. So lag bei Ausbruch der Seuche eine Pestordnung vor, in der viele Bestimmungen für den Umgang damit festgelegt waren. Um die Kontakte zwischen den Menschen zu beschränken, entfiel auch „das Sauffen in den Krügen und Schencken". Es waren nun für die Wirte, sofern sie überlebten, sechs schwierige Monate zu überstehen.

Mit Nachdruck forderte der Kaufmann Friedrich von Braun 1766 sein Geld von Gastwirt Behrens ein. Er hatte ihm Starkbier und Tafelbier geliefert, und da die Bezahlung ausblieb, das Gericht eingeschaltet. Behrens gestand seine Schuld ein, erklärte aber, dass er nicht im Stande sei, die fällige Summe auf einmal abzuzahlen. Er schlug vor, den Betrag zu dritteln und zu festgelegten Terminen zu bezahlen. Das Gericht überzeugte den Kaufmann, auf diesen Vorschlag einzugehen.

Der Gastwirt Johann Schultz erhielt von der Achtmannskammer (Acht Herren, die die Ein- und Ausgaben der Stadt überwachten) eine Klage wegen nicht gezahlter Pacht für den Barthschen Keller. Für die Jahre 1775 und 1776 machte das zusammen 112 Reichstaler. Gleiches widerfuhr dem Schankwirt Egdorf 1820 im Pasewalker Keller.

Der Schankwirt Henning dagegen musste sich mit den Sorgen seiner Nachbarn auseinandersetzen. Er hatte am Semlower Tor das Haus eines Töpfers gekauft und wollte nun eine Bierschänke mit Beherbergung einrichten. Die Nachbarn waren entsetzt. Es sei dort alles sehr eng bebaut und Betrunkene würden dann überall hinpinkeln, zum Beispiel auch in den dort befindlichen Brunnen. Außerdem gäbe es in der Nähe schon genügend Schankwirtschaften. Sie baten also den Rat der Stadt, die Schänke zu verhindern. Der Rat sah jedoch kein Problem. Der künftige Wirt müsste selbst ein hohes Interesse an einem sauberen Zustand des Brunnens haben, da er ihn selbst auch nutzt. Die Nachbarn Hennings freundeten sich langsam mit der entstehenden Kneipe an, hatten sie doch eigentlich nichts gegen ein Wirtshaus als solches. Der Wirt sicherte zu, sich um die Erhaltung des Brunnens zu kümmern, also auch für Reparaturen aufzukommen.

Branntwein wird zum Problem

Anfang des 19. Jahrhunderts hatte das Branntweintrinken in Stralsund gefährlich zugenommen. Woran lag das?

Das Fassbier hatte immer noch keine bessere Qualität bekommen. 1796 heißt es in einem Bericht einer Ratskommission über erforderliche Maßnahmen zur Verbesserung des Handels: „Die Brauereien verdienen auch allewege einige Unterstützung. Die leiden besonders durch die Konjunktur oder Mode, wodurch Kaffee und Branntwein obgleich der Gesundheit nachtheiligere Getränke das Bier verdrängt haben." Durch die Einführung der Gewerbefreiheit 1810 konnten nun auch fremde Biere in Stralsund verkauft werden. Man hoffte durch eine hohe Besteuerung von Branntweinschrot die Bierproduktion und den Bierverkauf wieder zu beleben und somit die Stralsunder zum Verzicht auf die „schädlicheren Getränke" zu bewegen. Im April 1805 sollten Ratsmitglieder Listen über Bürger erstellen, die sich mit Krugnahrung befassten. Mit diesem Begriff meinte man das Ausschenken als eine Tätigkeit zum Lebensunterhalt. Es gab in jenem Jahr in Stralsund 168 Gast- und Schankwirte. Davon 41 im St. Nikolaiviertel, 58 im St. Jakobiviertel, 55 im St. Marienviertel und 14 im St. Jürgenviertel. Diese Wirte waren vorher oder nebenbei Schiffszimmermann, Handschuhmacher, Schopenbrauer, Schneider, Bierträger, aber überwiegend Branntweinbrenner. Den Listen war ein Bericht beigefügt, in dem folgendes beklagt wurde: Es „treibt jeder Bürger, der will und kann, und sich zu anderen Geschäften nicht aufgelegt fühlt, den Bier- und Branntwein-Verkauf, besonders aber die Haltung sitzender Gäste im eigenen oder gemietheten Hause, ohne daß ihm dazu eine besondere Befugniß oder Concession ertheilt wird, und ohne dafür irgend etwas zum allgemeinen Beßten abzugeben." Die Ursache für diesen Zustand sah man darin, dass die Schanktätigkeit leicht zu betreiben war und der Reiz des Branntweins gute Geschäfte versprach. Da nun die Anzahl der Wirtschaften für eine Stadt wie Stralsund viel zu groß war, und man Unordnung und Ausschreitungen befürchtete, wünschten die Ratsmitglieder eine Einschränkung. Angesichts dessen, dass es reine Branntweinkneipen gab, ist der Wunsch verständlich. Eine Lösung schienen eine strengere Regulierung der Konzessionsvergabe auf Grundlage der Landespolizeigesetze und hohe jährliche Abgaben für die Wirte zu sein. Aber die Hoffnung, Konzessionen einzuschränken, war wohl schwer in die Tat umzusetzen. Zwischen 1818 und 1830 wurden 92 Konzessionen neu erteilt, nur 22 dagegen abgelehnt. Bei fünf Konzessionsanträgen ist die Entscheidung nicht mehr nachweisbar. Dazu kamen die Beschwerden über die erhöhten Abgaben.

Die beiden jungen Branntweinbrenner Krüger und Uecker zeigten dem Amt der Branntweinbrenner an, dass sie von der Polizeidirektion aufgefordert wurden, für das Recht des Ausschanks jährlich 12 Taler zu bezahlen. Bei Nichtzahlung wäre ein Ausschankverbot die Folge gewesen. Die Brenner sollten sich innerhalb von acht Tagen entscheiden. Die neue Verordnung darüber warf Fragen auf. Die Brenner waren der Meinung, dass sie nur die „willkürlichen“ Krugbetreiber betreffen müssten, nicht die Häuser mit Branntweinbrennergerechtigkeit, denn es gehörte zweifellos zur Branntweinbrennernahrung, den Schnaps auch in kleineren Mengen selbst zu verkaufen, also auch gläserweise. Eine Ausnahme in der Verordnung für diese Wirtschaften schien aber nur zu gelten, wenn diese Gerechtigkeit schon in „uralten Zeiten“ erteilt worden sei. Das traf für die meisten Branntweinbrenner zu, aber eben nicht für alle. Das Amt bat um eine Aufhebung der Verordnung, forderte dabei vorsichtig ein Vorgehen gegen die, die gar keine Branntweinbrenner mit Konzession waren. Die rechtmäßigen Brenner dagegen hätten schon Probleme mit der Verdoppelung der Steuer. Außerdem wirke sich der Druck der Kriegslasten vergangener Jahre noch schwer aus. Viele stünden kurz vor der Verarmung. Fünf Jahre später ereichte die Polizeidirektion ein weiteres Schreiben, unterzeichnet von 22 Branntweinbrennern, die sich gegen die Zahlung von nun 10 Talern wehrten.

Es ist offensichtlich, dass die Mittel der Behörden, die Zahl der Kneipen zu verringern und das Branntweintrinken einzuschränken, nicht auf Einsicht oder Verständnis stießen. Aber die sich mehrenden Anzeigen in der Stralsundischen Zeitung, „Ein zuverlässiger nüchterner Mann wird verlangt“, mit denen Kaufleute, ja selbst ein Gastwirt um Personal warben, lassen ansatzweise ahnen, wie es um die Moral bei Teilen der Bevölkerung bestellt war. Das wohl vor Augen, führten Rat und Polizeidirektion das gesamte Jahrhundert lang einen zähen Kampf gegen wuchernden Ausschank und Trunksucht.

Konzessionserteilung – oder nicht?

Der Werdegang einer Konzessionserteilung für das Betreiben einer Schank- oder Gastwirtschaft war folgender: Der Bewerber schickte sein Gesuch an den Rat …

Eine Abschrift davon wurde mit einem Vermerk an das Polizeidirektorium geschickt, um dessen Gutachten einzuholen. Ein Ratsmitglied – anfang des 19. Jahrhunderts war das Dr. Carl Georg Schwing, später Gerichts- und

Polizeidirektor – recherchierte zur Person des Antragstellers und den Begleitumständen und informierte dann den Rat, verbunden mit einer Empfehlung. Dazu kam die Stellungnahme des Polizeichefs. Eine Genehmigung galt solange, wie der Antragsteller im betreffenden Haus wohnte, denn die Branntweinbrennergerechtigkeit und damit das Schankrecht waren an das Haus gebunden. Für die Konzession hatte er 10 Reichstaler Gebühr an die Stadtkasse zu zahlen und die Einzahlungsquittung der Achtmannskammer vorzulegen. Aus der Vielzahl der positiv beschiedenen Anträge aus der genannten Zeit seien hier einige vorgestellt.

Der Branntweinbrenner Danzig hatte das Haus des Branntweinbrenners Gütschow in der heutigen Mönchstraße gekauft und wollte die Wirtschaft seines Vorgängers fortführen. Das Haus war Herberge für Fuhrleute. Das war entscheidend für die Bewilligung der Konzession. Der Branntweinbrenner Breesemann, der unheilbar an einer Brustkrankheit litt, sollte die Brennerei auf ärztlichen Rat aufgeben. Um nicht zu verarmen, hatte er sein Haus verkauft und ein kleines gekauft, wo er mit seiner Frau eine kleine Schank- und Speisewirtschaft betreiben wollte. Da er als stiller, ordentlicher Mann eingeschätzt wurde, wäre von ihm kein Missbrauch einer Konzession zu fürchten. Insbesondere seine Frau wäre zur Führung einer Wirtschaft befähigt. Sie sei als gute Köchin bekannt. Es sei aber zu berücksichtigen, dass neben ihm ein Geistlicher, der Diakon von St. Marien wohnt. Als dieser seine schriftliche Einwilligung gab, stand der Konzession nichts im Wege. Adam Hartmann war mit der Witwe des Gastwirts Hahn verheiratet. Er wollte die Gastwirtschaft seiner Schwiegermutter, der Witwe Herse fortführen. Das wurde genehmigt. Der Schiffer Michael Röhl konnte mit seinem Gewerbe seine Frau und die sieben Kinder nicht mehr ausreichend ernähren. Er hatte das Haus der Witwe des Gastwirts Peters auf dem Katharinenberg gekauft und wollte die Wirtschaft weiterführen. In der Schänke verkehre nur „eine anständige Gesellschaft“. Trinkgelage wurden nie geduldet. So wollte Röhl die Wirtschaft führen. Das überzeugte die Behörden. Branntweinbrenner Tank hatte das Haus seines Kollegen Schröder in der damaligen Hafenstraße gekauft, auf dem die Branntweinbrenner- und Schankgerechtigkeit lag. Da hier schon lange eine Schankwirtschaft war, und Tank einen guten Ruf hatte, gab es keine Bedenken. Der ehemalige Gastwirt Schröder wollte in seiner Mietwohnung in der Frankenstraße mit seiner Frau eine Schankwirtschaft betreiben, da sie durch Arbeitslosigkeit in einer traurigen Lage waren. Da die Wohnung schon vorher diese Nutzung hatte und gut gelegen war, erhielten sie die Konzession. Schon diese Beispiele zeigen, dass die soziale Situation und ein guter Ruf des Bewerbers bedacht wurden. Wenn das Haus noch die entsprechende Widmung hatte, war die Entscheidung einfach. Bedenklicher waren da schon die folgenden Konzessionsbewilligungen.

Der Branntweinbrenner Mollin hatte in der Böttcherstraße ein Haus gekauft und wollte Schankwirtschaft betreiben. Ratsherr Schwing fand heraus, dass der Bewerber seit längerer Zeit eine Neigung zum Trunk gezeigt hat und auch gern spielte, wenn er Geld hatte. Da er aber als Brenner ohne Ausschank schwerlich Geld verdienen konnte, wurde sein Antrag genehmigt. Der Branntweinbrenner Kock erwarb ein Haus in der Unnützen Straße zwecks Einrichtung einer Schankwirtschaft. Schwing schätzte ein, er würde wohl weder als Brenner noch als Wirt sein Glück machen, da das Haus seit Jahren nicht mehr solche Nahrung hatte und Kock nicht der Mann wäre, sie zu schaffen. Er würde wohl nicht mal die 10 Taler Gebühr aufbringen können. Schwing habe ihm zugeredet, seinen Antrag zurückzunehmen. Vergeblich. Kock erhielt die Konzession. Als der Branntweinbrenner Marquardt in der Mönchstraße sein neues Haus gekauft hatte und Ausschank betreiben wollte, erlaubte sich Schwing deutlich darauf hinzuweisen, dass man angesichts der inzwischen 188 Krüge in der Stadt (1818) diese doch einschränken sollte. Allein die Bewidmung des Hauses mit der Branntweinbrennergerechtigkeit sollte nicht allein für eine Konzessionserteilung ausschlaggebend sein. Man tat es dennoch, jedoch mit der Auflage, dass Marquardt die Brennerei weiterbetreibe. Als der Zimmermann und Branntweinbrenner Kasch in der Ossenreyerstraße die Schankgerechtigkeit beantragte, fragte Schwing: „Warum muss ein Mann, der sein Geld als Zimmermann verdienen kann, Schankwirt werden?“ Seine Frage fand kein Gehör. Der Branntweinbrenner Peters hatte das Haus der Witwe Eggert an der Ecke Bielkenhagen gekauft und wollte hier die Kneipe weiterführen. Als ein erster Antrag abgelehnt worden war, hatte er heimlich Ausschank betrieben. Er war auch schon wegen Glücksspiels bestraft worden. Sein Gesuch wurde genehmigt, er sollte sich seine Bestrafung aber eine Mahnung sein lassen. Auch der ehemalige Tagelöhner und neue Branntweinbrenner Genz erhielt seine Konzession in Lobshagen, auch wenn eingeschätzt wurde, dass er „wegen seiner Blödigkeit kein großes Glück als Schankwirt machen“ dürfte. Er hatte aber den Ruf eines „ordentlichen Mannes“.

Was bewog nun Polizei und Rat, Konzessionsgesuche abzulehnen? Auch dafür einige Beispiele. Der Branntweinbrenner Plötz musste wegen Geschäftsschulden sein Haus auf dem Faulenhof verkaufen.

Den Pachtvertrag für den Krug in Pütte hatte er nach einem halben Jahr gekündigt. Dann kaufte er das Haus Katharinenberg 27, das aber keine Branntweinbrennergerechtigkeit hatte, um darin Schankwirtschaft zu betreiben. Die Recherche Schwings zu seiner Person fiel ungünstig aus. Plötz habe als Brenner mit Verlust gearbeitet, habe körperliche Gebrechen und durch seine schlimmer gewordene Trunksucht stets ein unordentliches Haus. Da er fast nie nüchtern wäre, hätte er schon einmal eine Ablehnung für Schankwirtschaftsbetrieb am Apollonienmarkt bekommen. Johann Howe hatte sich das Haus Frankenstraße 26 gekauft, konnte die Branntweinbrennergerechtigkeit aus Kostengründen aber nicht nutzen. Er bat um Schankgenehmigung, weil er für andere Arbeit im Tagelohn zu schwach wäre. Ihm drohte Ruin, und dann würde er der Stadt als Bettler zur Last fallen. Der Rat blieb auch bei einem zweiten Antrag Howes hart und begründete die Ablehnung mit folgender Erklärung: Der Antragsteller sei in der Stadt als einer der ärgsten Trunkenbolde bekannt. Im betrunkenen Zustand zeige er sein zänkisches Wesen, was Gäste fernhalte. Er sei schon oft zur Herstellung des Friedens arretiert worden. In letzter Zeit habe es keine Auseinandersetzungen gegeben, obwohl er weiterhin tränke, aber die Leute gingen ihm aus dem Weg. Der Branntweinbrenner Brüggmann versuchte auch zweimal an eine Konzession zu kommen. Ihn schätze man als einen Spieler und Herumtreiber ein. Das Haus am Alten Markt sei außerdem nur gemietet und habe eine ungünstige Lage. Die Nachbarschaft zum Rathaus und zur Nachtwache ließe selbst bei einem besseren Wirt Unruhen befürchten, die man dort nicht haben wolle. Der Haak (Kleinhändler) Christoph Schruth wollte in seinem Haus Marienstraße 6 aus wirtschaftlichen Gründen eine Kneipe betreiben. Er gab an, dass er seit drei Jahren durch Krankheit geschwächt sei, aber die Recherche ergab, dass der Antragsteller Umstände seines Gesundheitszustands angeführt hatte, die nicht der Wahrheit entsprachen. Als der Maler Johann Kahl am Alten Markt 10 die Gastwirtschaft seiner Eltern fortführen wollte, um Schulden abzuzahlen, stellte man fest, dass das Haus nicht ihm, sondern seinem Bruder gehörte, der darin eine Leihbibliothek betrieb. Schwings Bedenken führten zur Ablehnung, denn wenn Kahl sein Gewerbe außerhalb seiner Mietwohnung in der Wasserstraße betrieb, konnte er nicht gleichzeitig am anderen Ort Schankwirtschaft betreiben. Der Ackerbürger Peter Vieth gab in seinem Konzessionsgesuch an, wegen Körperschwäche seinen Beruf nicht mehr ausüben zu können. Deshalb habe er das Haus Mühlenstraße 40 vom Schankwirt Ninoch gekauft. Schwing fragte in seiner

Stellungnahme, warum er dieses Haus gekauft habe. Es sei mit keinerlei Gerechtigkeit bewidmet. Ninoch habe den Ausschank illegal betrieben, was in der Zeit der französischen Besetzung nicht beachtet worden ist. Im Übrigen habe Vieth ein „zänkisches Gemüt". Da er sozial nicht schlecht gestellt war, wurde die Konzession bedenkenlos verweigert.

Eine erteilte Konzession konnte auch wieder zurückgenommen werden, wenn triftige Gründe dafür vorlagen. Der Schankwirt Völker in der Frankenstraße hatte eine Anzeige der Stadtverwaltung wegen wiederholten Verkehrs mit „Diebesgesindel und Vagabunden" bekommen. Der Fall war untersucht, und Völker und seine Frau bestraft worden. Dennoch hätten sie diesen Verkehr nicht aufgegeben und gestohlenes Gut gekauft. Bei der Veranlagung der Gewerbesteuer wurde dem Wirt daraufhin von der Polizeidirektion die Qualifikation für das Gewerbe entzogen. Völkers Beschwerde dagegen änderte nichts am Konzessionsentzug.

Bei diesen Fällen gab es wohl aus formalen Gründen und Gründen, die in der Persönlichkeit der Antragsteller lagen, keinen Handlungsspielraum. Glaubt man nun, die städtischen Behörden bekämen das Problem allmählich in den Griff, muss man sich über diese Zahlen wundern: Von 1830 bis 1836 wurden 21 Konzessionen erteilt, dagegen nur eine abgelehnt.

Die Regierung greift ein

Das Kneipenproblem hatte in den Zwanzigerjahren des 19. Jahrhunderts auch die königlich preußische Regierung beschäftigt, und sie reagierte mit ständigen Verordnungen.

Im Amtsblatt vom 4. Dezember 1822 findet man, die Anlegung von Gast- und Schankwirtschaften betreffend, diese Richtlinie: „In Anleitung ergangener hoher Ministerial-Verfügung werden sämmtliche Polizei-Behörden unseres Departements hierdurch darauf aufmerksam gemacht, daß neue Gast-oder Schankwirtschaften in Zukunft nur da angelegt werden dürfen, wo sich ein polizeiliches Bedürfnis dafür ergiebt und keine sonstigen polizeilichen Hindernisse in Weg stehen." Wahrscheinlich war nicht jedem klar, was ein polizeiliches Bedürfnis ist. Weiter war festgelegt worden, dass jeder

Wirt, der seine Wirtschaft fortsetzen wollte, ein behördliches Zeugnis über die Rechtmäßigkeit seines Betriebes vorlegen mußte. Es durften im abgelaufenen Jahr auch keine Beschwerden über die Wirtschaft eingegangen sein. So sollten die Wirte jährlich ein polizeiliches Attest über die Gestattung der Fortsetzung ihres Gewerbes erhalten. Erst dann erfolgte die Eintragung in die Gewerbesteuerrolle.

Wenig später wurde die Polizeistunde eingeführt. Wirte durften ab 22.00 Uhr keine Gäste mehr in ihren Schankräumen dulden. Wer das als Gast missachtete, musste vom Wirt auf der Nachtwache angezeigt werden und dann 2 Reichstaler Geldbuße zahlen. Das war nicht wenig Geld. Wer es nicht hatte, konnte mit einer „verhältnismäßigen" Haftstrafe belegt werden. Bei einem Versäumnis des Wirts hatte dieser 5 Taler zu zahlen. Diese Verordnung musste in den Wirtschaften ausgehängt werden. Bei fehlendem Aushang waren ebenfalls 5 Taler fällig. Ob es nun Nachlässigkeit war oder stiller Protest – so mancher Wirt nahm die Verordnung nicht ernst. Nach sechs Jahren stellte die Polizeidirektion fest, dass in verschiedenen Wirtshäusern entgegen der Vorschrift nach 22.00 Uhr noch Gäste angetroffen wurden. Im Allgemeinen äußerte sie aber das Vertrauen, dass die Ordnung eingehalten wird.

Eine Verordnung der Regierung vom 3. Februar 1842 betraf die Branntweinschänken: „Allen und jeden Schankwirthen dieses Regierungsbezirks wird es hiermit untersagt, solchen Individuen, welche ihnen von der Orts-Polizei-Behörde als Trunkenbolde bezeichnet sind, irgendwie Branntwein zu verabreichen, oder ihnen überhaupt den Aufenthalt in der Gaststube zu gestatten." Die Strafhöhe für den Wirt ist bekannt, aber im Fall wiederholter Nichtbeachtung wurde diesem die Entziehung seiner Konzession angedroht. In einer Ergänzung wird die Alternative für den Gast angeboten: „wo das Bedürfnis nach einem guten Bier bemerkbar wird" , hätten die Schankwirte die Verpflichtung, „jederzeit trinkbares und unverdorbenes Bier" anzubieten.

Verstöße gegen die Einhaltung der Polizeistunde wurden in den Fünfzigerjahren noch verschärft. 5 Reichstaler hatte der Gast zu zahlen und 20 Reichstaler der Wirt. Die Gefängnisstrafe als Ersatz wurde auf bis zu 14 Tage präzisiert. Mittlerweile wurde der behördliche Kampf gegen Kneipenwildwuchs und die damit verbundenen Auswirkungen von einer Bürgerinitiative unterstützt. Ein „Mäßigkeitsverein" war gegründet worden und hatte sich das Ziel gestellt, eine Verminderung oder Abstellung des Branntweingenusses herbeizuführen. Die Kirche unterstützte dieses Ziel, um die „sittliche Bildung des Volkes" zu befördern. Der Aufgabenbereich war Mitte des

Abb. 9 Mitte des 19. Jahrhunderts schienen die Bemühungen der Behörden, die Zahl der Schank- und Gastwirtschaften zu verringern, erfolgreich zu sein. Zu einer dauerhaften Reduzierung kam es jedoch nicht.

19. Jahrhunderts nur ein wenig kleiner geworden. Zu den etwa 109 Schank- und Gastwirtschaften 1856 kamen allerdings noch diverse Kaufmannsläden mit dem Recht auf Spirituosenverkauf. Diese Kolonialwarengeschäfte mit Schankkonsens verkauften Schnaps auch glasweise über den Ladentisch. Im selben Jahr wurde per Rundschreiben auf eine neue (Un)sitte aufmerksam gemacht. Schankwirte und Kleinhändler würden den einfachen Leuten „Branntwein auf Borg ablassen und demgemäß mit ihnen förmlich Buch führen." Das Trinken auf Kredit förderte in vielen Fällen die Trunksucht und auch die Verschuldung dieser Menschen. Die Regierung forderte die Wirte und Kleinhändler auf, nur noch gegen Barzahlung zu verkaufen. Es folgte natürlich auch diesmal die Androhung der letzten Konsequenz. Trotzdem gab es besonders Dickfellige unter den Wirten, wie folgendes Beispiel zeigt. Ein Gastwirt, der keine Befugnis zum Ausschank von Spirituosen besaß, versuchte Gäste in seine Wirtschaft zu locken, indem er bekannt werden ließ, dass in seinem Lokal an bestimmten Abenden an jedermann Branntwein kostenlos ausgeschenkt werden würde. Seine Wirtschaft wurde von da an

häufiger besucht. Die Staatsanwaltschaft beendete die Aktion und klagte den Wirt wegen unerlaubten Branntweinausschanks an. Er wurde in erster Instanz verurteilt. Der Richter merkte an, der Angeklagte habe aus Gewinnsucht gehandelt. Es sei auch anzunehmen, dass zahlende Gäste für den unbezahlten Schnaps aufkommen müssten. Kaufleuten, die auch mal ein Gläschen gratis über den Ladentisch schoben, begegnete man mit der Anordnung, dass Schnaps nur in versiegelten Flaschen verkauft werden durfte und jegliche Trinkgefäße aus dem Laden zu entfernen waren. Um selbst noch einen Überblick über das Geschehen zu behalten, gab es immer wieder Abfragen der Regierung bei der Stadt über die Zahl der Schankanlagen und den Schnapshandel. Ab 1857 verordnete sie, dass es nicht mehr als 100 Ausgabestätten für geistige Getränke geben dürfe und alle Konzessionsentscheidungen von der Stadtverwaltung an die Regierung zur Überprüfung und Abstimmumg weiterzuleiten seien. Ein Jahr später war es dann Zeit für ein Lob an die Stadtverwaltung für den Eifer, mit dem sie die Verordnungen des Innenministers umsetzte. Dann wurde das Entscheidungsrecht vertrauensvoll an die Stadt zurückgegeben.

ANZAHL DER SCHANK- UND GAST-WIRTSCHAFTEN

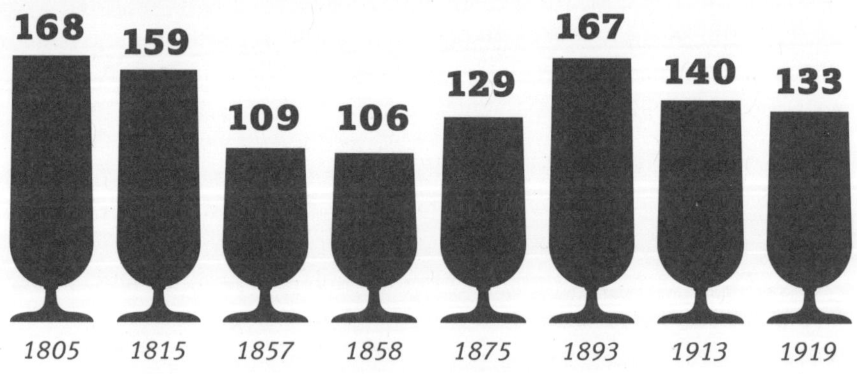

Bei Glücksspiel droht Gefängnis

Gegen ein unterhaltsames Kartenspiel in der Kneipe ist doch eigentlich nichts einzuwenden. Früher schon, denn die Vernunft dabei blieb häufig nicht mehr gewahrt, besonders, wenn es um Einsätze ging.

Um 1800 waren Glücksspiele (Hasardspiele) längst durch Landesgesetze und Ratsverordnungen bei Strafe verboten. Dazu zählten zum Beispiel das Würfelspiel Klein Eilf und die Kartenspiele Pharao, Vingt-un, Quinze, Basset und Häufchen. Man hatte um Geld, Wertgegenstände oder die Bezahlung der Zeche gespielt. Dabei waren immer wieder Betrügereien vorgekommen und Spieler in völlige Verarmung gebracht worden, was dann zu kriminellen Handlungen geführt hatte. Nachdem immer wieder Verstöße gegen das Spielverbot festgestellt wurden, erließ man im März 1799 eine Verordnung mit folgenden Regeln: Wirten wurde es untersagt, Glücksspiel zu gestatten beziehungsweise Karten oder Würfel dazu herauszugeben. Sollten sie das Spiel nicht verhindern können, mussten sie Anzeige erstatten. Die Geldbußen betrugen 28 Reichstaler für den Wirt, im Wiederholungsfall 50 Taler. Wurde bei ihm zum dritten Mal ein Verstoß gegen die Verordnung festgestellt, drohte der Verlust der Schankkonzession. In der Stadt ansässigen Spielern drohten Strafen zwischen 5 und 25 Reichstalern, im Wiederholungsfall mehr. Fremde wurden als „Spieler von Profession" angesehen und erhielten eine vierzehntägige Gefängnisstrafe bei Wasser und Brot. Das gewonnene beziehungsweise gesetzte Geld wurde konfisziert. Am schlimmsten traf es Dienstboten und Gesellen. Neben einer Gefängnisstrafe stand es ihren Dienstherren frei, ihnen den Betrag ihres vierteljährigen Lohns zu kürzen oder sie ohne Lohnerstattung aus dem Dienst zu entlassen. Erstaunlicherweise konnten diejenigen, die ihr Geld verloren hatten, dieses gerichtlich wieder zurückfordern. Wegen der Teilnahme am Spiel wurden sie aber nicht belangt! Ein Denunziant erhielt neben seiner Strafe eine Belohnung von 1 bis 2 Reichstalern.

Abb. 10 Früher ein Ort verbotenen Glücksspiels – das ehemalige Hotel „Fährhaus" mit seiner Gastwirtschaft

Wie schon im Kampf gegen zu viel Branntwein und zu viele Kneipen wurde in den nächsten Jahrzehnten um das Glücksspiel gestritten. Am 1. Dezember 1824 zum Beispiel würfelten mehrere Militärangehörige beim Schankwirt Behrns in der Papenstraße. Der Kommandant selbst erstattete die Anzeige. Der Wirt wurde vorgeladen und vernommen. Er gestand, dass er das Spielen gesehen habe, aber es sei „höchst unbedeutend" gewesen. Sie hätten nur um die Bezahlung von Getränken gespielt, und es ging nur um einige Schillinge. Behrns wurde vorgeworfen, dass er das Spiel geduldet habe, obwohl er bereits einmal zur Verantwortung gezogen und ihm der Verlust der Schankwirtschaft angedroht worden war. Er beteuerte aber, dass er damals unschuldig denunziert wurde und die Sache auch nie zugegeben habe. Dann lieferte er sein bestes Argument. Er könne, um die Wirtschaft nicht aufgeben zu müssen, seinen Gästen das Würfelspiel nicht untersagen. Es gehe nur um geringe Beträge. Behrns sollte 25 Taler zahlen, beanstandete die Strafe aber nach drei Tagen Bedenkzeit und richtete eine schriftliche Bitte an den Rat, man möge ihn nicht so hart bestrafen, denn er sei wegen eines Versehens bei der Brennerei verschuldet. Im Ergebnis wurde beschieden, dass Behrns eine Strafe von 15 Talern in Raten zahlen müsse, was er dann tat.

Von anderem Ausmaß waren die Aktivitäten des Gastwirts Hans Wothke, der an der Fährbrücke das Hotel „Fährhaus" mit Gastwirtschaft betrieb. Er wurde 1884 wegen Duldung von Glücksspiel zu einer Strafe von insgesamt 72 Reichsmark verurteilt. Schon 1882 und 1883 hatte er sich zwölf Strafen wegen illegalen Spiels eingehandelt. Nach Aussagen von Zeugen ging es wohl um mehr als sechzig Fälle. Gespielt wurde bei ihm immer dienstags und freitags. Für bestimmte Gesellschaften, die geladen waren und Eintritt zahlten, wurden Spieltische aufgestellt. Es hätten Spieler sogar Goldstücke gesetzt. Letztendlich wurde Wothke die Konzession entzogen, wogegen er vor Gericht in Berufung ging. Die Entscheidung wurde daraufhin abgeändert, aber das Oberverwaltungsgericht lehnte das ab und begründete: „ Die Entziehung der Genehmigung ist keine Strafe, sondern eine im öffentlichen Interesse zu verhängende Verwaltungsmaßregel". Der Streitwert lag bei 6.250 Reichsmark, orientiert am Jahreswert der Konzession. Im Juni 1885 wurde die Gastwirtschaft geschlossen.

In der gleichen Zeit hatte sich der Gastwirt Nausch in der Bechermacherstraße wegen Duldung von „gewerbsmäßigem und gewohnheitsmäßigem Glücksspiel" zu verantworten. Gern spielte man bei ihm „Die lustige Sieben" und „Kaufe Elf". Im November 1883 wurde Nausch zu 30 Mark Strafe beziehungsweise sechs Tagen Haft verurteilt. Sein Anwalt konnte ihn nicht vor einem letztendlichen Konzessionsentzug bewahren.

Zum Schutz der Jugend

Jeder von uns weiß, dass es ein Jugendschutzgesetz gibt und ein Auszug daraus, sauber gerahmt, in jeder Gastwirtschaft an der Wand hängt.

Darin ist festgelegt, was ein Jugendlicher in einem bestimmten Alter darf oder nicht darf. Es geht um den Besuch von Gaststätten und Tanzveranstaltungen, um Rauchen und Trinken von Alkohol. Schon 1591 sah man sich genötigt, sich mit dem Thema zu befassen. In der zweiten Schulordnung heißt es: „Zechen, Saufen, Schwelgen und Fressen ist jedem bei scharfer Strafe durch Ruten – und wenn dies nichts nützt, außer Ruten mit Gefängnis – verboten; dergleichen das Betreten aller Wirtshäuser, Krüge, Wein- und Bierkeller, der Kompanien, die Teilnahme am Maigrafen-Feste, der Aufenthalt in anderen heimlichen und anrüchigen Winkelkrügen, in denen Schüler nichts zu suchen haben…" Eine klare Aussage mit der Androhung drastischer Strafen. War das nur vorbeugend gemeint, oder gab es etwa Anlass dazu? Wir wissen es nicht. Etwa 200 Jahre später gab es natürlich das Problem jugendlichen Alkoholgenusses noch, aber die Strafen hatten sich geändert und betrafen als erstes die Wirte. In einem Schreiben an die Stadtverwaltung machte die preußische Regierung 1826 auf die „sittengefährlichen Vergnügungen der Jugend" aufmerksam. Es seien Fälle vorgekommen, dass Jungen unter vierzehn Jahren ohne Aufsicht der Eltern oder anderer Erziehungsberechtigter die Schank- und Wirtshäuser, Tanzböden und andere Orte öffentlicher Lustbarkeiten besuchten und sich dem Genuss geistiger Getränke hingaben. Man appellierte an alle Erziehungsberechtigten und Schutzbefohlenen, eine strenge Aufsicht walten zu lassen. Auch Geistliche, Lehrer und die Polizei sollten die erforderlichen Maßnahmen zur „Abhelfung eines so schädlichen Unfugs" treffen. Das bedeutete, den Jugendlichen die Teilnahme an öffentlichen Vergnügungen, auch im Beisein ihrer Angehörigen, zu verwehren. Man dachte dabei an Scheiben- oder Vogelschießen, Erntefeste usw. Auch der Besuch öffentlicher Häuser durch Schüler sollte unterbleiben – und das waren Gastwirtschaften aller Art. Und auch bei dieser Angelegenheit sollten die Wirte wieder kontrolliert werden, damit sie nicht die „unerfahrene Jugend" zum Branntweintrinken verleiten oder dem Vorschub leisten. Die angekündigten Strafen waren dieselben wie bei illegalem Ausschank, Überschreitung der Polizeistunde oder geduldetem Glücksspiel. Die Regierung war begierig, die Erfahrungen der Stadtverwaltung in dieser Angelegenheit kennenzulernen. Die gesetzte Frist für einen Bericht konnte die Stadt zweimal nicht einhalten, obwohl das Ergebnis am Ende nichtssagend war. Die Polizeibehörde habe niemals geduldet, dass Knaben unter vierzehn Jahren und Lehrburschen ohne Aufsicht der Eltern Schank- und Wirtshäuser sowie Tanzböden betreten. Bei Antreffen seien sie sofort fortgeschickt worden. Konkrete Maßnahmen wurden, genauso wie die Anzahl von Verstößen, nicht genannt. Die Polizeiakten machen aber deutlich, dass es Verstöße gegeben hat. Der Senat beklagte 1831 in einem Schreiben an die Polizeidirektion, dass trotz einer Verordnung immer noch Gymnasiasten einzeln oder in Gruppen in den Gastwirtschaften verkehrten. Es erfolgten sogar Lieferungen alkoholischer Getränke auf die Zimmer der Gymnasiasten. Lehrer wurden aufgefordert, solche Fälle anzuzeigen. Besonders eifrig war dabei der Direktor des Gymnasiums Professor Nizze. Dieser stand in engem Briefkontakt mit dem Polizeidirektor und lieferte so manchen Tipp. Er zeigte auch den Gastwirt Friedrich Führing an, der sich erlaubt habe, in seiner Wirtschaft in der Semlower Straße ein Trinkgelage sämtlicher Primaner des Gymnasiums zu gestatten. Veranlassung wäre die Anwesenheit Greifswalder Gymnasiasten gewesen, die wegen ihres bevorstehenden Militärdienstes in Stralsund erscheinen mussten und von den Stralsundern eingeladen wurden. Führing müsse, so Nizze, „rechtlich gerügt werden". Der Wirt äußerte nur, dass zum abendlichen Ball seines Wissens kein Gymnasiast anwesend war. Der Fabrikbesitzer Wilhelm Becker aus der Mönchstraße sah die Verantwortung für den Kneipenbesuch seines vierzehnjährigen Sohns und dessen Mitschülern auch in erster Linie bei den Gastwirten. Also zeigte er die Wirte Riedel und Neumann an, die die Jungen in den frühen Abendstunden ungehindert eingelassen hatten. Neumann gab es zu, hielt aber dagegen, dass er sie nicht als Schüler erkennen konnte.

Auch in den Folgejahren wurden immer mal wieder Schüler in Gastwirtschaften erwischt und die Wirte zur Rechenschaft gezogen. Als diese sich 1837 beschwerten, dass es lediglich eine Verordnung, aber kein ausdrückliches Verbot des Aufenthalts Jugendlicher in den Wirtschaften gebe, erneuerte man die Verordnung und verbot darin den Gymnasiasten den Besuch von Wirtshäusern sowie Zusammenkünfte zu Trinkgelagen und verschärfte die Strafgebühren. Die Verordnung wurde den Wirten dann von einem Revierpolizisten vorgelesen, und die Kenntnisnahme musste durch Unterschrift bestätigt werden. Das Betätigungsfeld der Behörden war inzwischen breiter geworden. Neben Gastwirten verabreichten mittlerweile auch Konditoren scharfe Getränke an Schüler. Wer korrekterweise keinen Schnaps beziehungsweise Likör verkaufte, musste auch bei Süßigkeiten aufpassen, denn auch Likörbonbons waren für Jugendliche unter achtzehn Jahren ein Tabu. Wir finden solche Bestimmung noch in den Zwanzigerjahren des 20. Jahrhunderts. Mitunter stießen die Maßnahmen von Stadt und Regierung auch auf Unverständnis bei den Eltern. Im Herbst 1874 wurde der Gastwirt Ruck beschuldigt, Kindern die Teilnahme an seinen „Lustbarkeiten" gestattet zu haben. Der wehrte sich mit der Rechtfertigung, das Verbot bei Tanzveranstaltungen ruiniere sein Geschäft völlig. Bei der Untersuchung stellte sich aber heraus, dass sich die Kinder in der Begleitung ihrer Eltern befunden hatten.

Die Polizei hatte das nicht untersagen wollen, und Ruck wurde freigesprochen. Im Sommer 1891 traf ein Brief, unterschrieben von „mehreren Frauen" ohne Namensnennung, beim Polizeidirektor ein. Darin beklagten sie, dass ihnen bei Sonntagsspaziergängen mit Einkehr in eine Gastwirtschaft schon nachmittags der Eintritt verwehrt wurde, weil Kinder dabei waren. Demzufolge gingen die Männer alleine und kämen oft früh morgens erst nach Hause. Das wäre anders, wenn das Gesetz es zuließe, dass die ganze Familie die Gastwirtschaft besuchen könnte. Die Behörden waren mit den Kompromissen nicht zufrieden, denn die „im höchsten Grade beängstigende Entwicklung der Jugend" ließe sich wohl nur aufhalten, wenn Jugendliche generell keinen Zugang zu Gastwirtschaften hätten. Übrigens erklärte der Polizeianwalt in dem Zusammenhang, dem Wort „Schüler" sollte auch das Wort „Schülerinnen" beigefügt werden. Frühe Geschlechtergerechtigkeit oder nüchterne Betrachtung von Realitäten? Es erfolgte eine Verschärfung der bestehenden Verordnung, die dann eine Genehmigung des Schulleiters der begleiteten Jugendlichen für den Besuch von Tanzvergnügen und ähnlichem vorsah. Einen Monat später wurde der gesamte Paragraf wieder aufgehoben.

Tingel-Tangel ist unmoralisch

Nach dem Vorbild der Varietes in großen Städten wie Berlin und Hamburg entstanden auch in kleinen Städten in den Siebzigerjahren des 19. Jahrhunderts die sogenannten Tingel-Tangel-Gesellschaften.

Dieser lustige Begriff meint Gesangs-, Tanz- und Kabarettnummern auf kleinen Bühnen oder auch in Gastwirtschaften. Sie waren sofort als billige Kunst verschrien, denn die Beiträge waren in der Regel derb und anzüglich. Anders gesagt, wo Tingel-Tangel stattfindet, ist Prostitution nicht mehr weit, glaubten die Behörden. Einige Stralsunder Gastwirte sahen darin aber eine Möglichkeit, zu mehr Gästen und Einnahmen zu kommen. Deshalb engagierten die Wirte Felgenhauer (später Witwe Blauert) in der Papenstraße,

Abb. 11 Ein Blick in den Ratsbierkeller

Haase, Hammer und Westphal in der Frankenstraße und Scheel in Lobshagen Gesangsgesellschaften. Dagegen gab es Beschwerden von Anwohnern. Man befürchtete, dass von diesen Gesellschaften „Ausschreitungen zu verbotenen Handlungen, Schlägereien und Exzesse“ ausgehen könnten. Den alten Spruch „Wo man singt, da lass dich ruhig nieder, böse Menschen kennen keine Lieder“ wollte hier wohl keiner angewendet wissen. Es war aber nachweislich, dass es in diesen Gastwirtschaften keine sogenannten Unsittlichkeiten gab. Dennoch sprach die Polizeidirektion von einer „Entwürdigung der Kunst“ und einer „demoralisierenden Prostitution der jungen Mädchen“ und davon, dass „sicherlich für manchen leichtfertigen Mann eine Quelle der Verführung zu unverantwortlichen Ausgaben und zur Verleugnung der Pflichten gegen die Familie und in den Berufen“ entstanden sei. Polizeidirektion und Regierung waren sich aber einig, dass sie vor allem auf Grund der Gewerbefreiheit seit 1880 das Recht auf Durchführung von Veranstaltungen akzeptieren mussten. Also musste man es den Wirten wieder schwer machen. „Wer dem Tingel-Tangel-Wesen beikommen will, muss seine Waffen gegen die Wirte richten, aber auch hierbei ist Mäßigung geboten, theils aus Rücksichten der Humanität, theils aus Gehorsam gegen den Geist der ganzen modernen Gewerbegesetzgebung.“ Waffen und Humanität widersprachen sich zwar, aber man würde zu bewährten Mitteln greifen. Da man wusste, dass die Herabsetzung der vor Jahren verlängerten Polizeistunde auf

Nicht nur Stralsunder Bier

Im Zusammenhang mit musikalischen Veranstaltungen oder zu Feiertagen boten Wirte manchmal auch besondere Biere oder Biere aus anderen Regionen an. Ferdinand Kleist vom „Ratsbierkeller" hatte 1877 Tafelbier aus der Demminer Bodebrauerei und Berliner Märzen-Weißbier in Champagnerflaschen im Angebot. Anfang 1900 bekam man bei ihm englischen Porter, Bier der Stettiner Bergschloss-Brauerei, Berliner Bockbier, Märzenbier der Berliner Schultheiss-Brauerei und Kulmbacher Exportbier, für das er Alleinverkäufer in Vorpommern und auf Rügen war. Das Gasthaus „Zur Sonne" und die „Ressource" warben mit dem Anstich von „Echt Salvator" der Paulaner Brauerei München. In der Gastwirtschaft „Zum Schill" fand ein großes Bockbierfest mit musikalischer Unterhaltung statt. Bockbier und Maibowle konnte man in „Sepkes Bierstuben" genießen.

22.00 Uhr die Wirte ruinieren würde, sollte das Problem mit Gebühren geregelt werden. Ein Reglement legte fest: „Bei musikalischen, declamatorischen oder theatralischen sogenannten Tingel-Tangel-Unterhaltungen in Schanklocalen" sind 10 Reichsmark zu zahlen. Dazu kamen die üblichen Kontrollen auf Glücksspiel, Anwesenheit von Jugendlichen usw. Das Vergnügen ging weiter, auch wenn öffentliche „Tanzlustbarkeiten" von da an einer polizeilichen Genehmigung bedurften.

Frauen hinter dem Tresen

Unter den Gastwirten, die im 19. Jahrhundert die Konzession für eine Wirtschaft mit Tanzveranstaltungen beantragten, war auch die Ehefrau von Branntweinbrenner Berg.

Lag die Ablehnung darin begründet, dass eine Frau das Gewerbe ausüben wollte oder ging es um das anrüchige Vergnügen? Betrachten wir die Rolle von Frauen im Gastgewerbe.

Eine der ersten Wirtinnen in der Stadt war sehr wahrscheinlich die im Zweiten Stadtbuch 1310 in der taberna opud passagium erwähnte Theyba. Der ungewöhnliche Name macht ihre Herkunft rätselhaft. 1340 ist eine Schankwirtin Mette (Mechthild) in diesem Wirtshaus genannt. Laut Stralsunder Verfestungsbuch musste sie wegen einer Straftat mit einigen männlichen Personen Urfehde schwören, das heißt, sie gelobte den Verzicht auf eine weitere Auseinandersetzung mit den Kontrahenten und musste künftig den Frieden wahren. Worum es ging, wissen wir leider nicht. Erst aus dem Jahr 1785 ist uns ein weiterer Name bekannt. Krugmutter Anna Katharina Völsch gehörte eine Gesellenherberge, die sie mit ihrem Sohn Peter Christian betrieb. Sie hatte einen Vertrag mit den Altermännern des Weberamtes abgeschlossen, in dem ihre Pflichten festgeschrieben waren. Regelmäßig wurden bei ihr auch Krugtage abgehalten, bei denen sich die versammelten Gesellen ritualisierten Trinkgelagen hingaben – natürlich unter Aufsicht. Wie stand es nun um die Chance einer Frau im 19. Jahrhundert mit seinen schon umrissenen Problemen an eine Schankkonzession zu kommen? Die folgenden zwei Beispiele sind keine außergewöhnlichen Fälle. Die Witwe Quinnius hatte das Haus Mönchstraße 51 gekauft, in dem schon sehr lange Schankwirtschaft betrieben wurde. Es hatte dem Schankwirt Reichhardt gehört, bei dem sie jahrelang die Wirtschaft führte. Nun wollte sie diese allein fortsetzen, um ihren Lebensunterhalt zu verdienen. Die Polizeidirektion äußerte, dass sie dazu nicht mehr in der Lage sein dürfte. Man könne nicht überall einer Frau die Konzession zur Krugnahrung erteilen. Auch die Kneipenführung durch die Tochter wäre demnach keine Lösung. Eine Bewilligung könnte als Beweis gesehen werden, dass für die Tätigkeit keine Qualifikation nötig sei. Der Antrag wurde abgelehnt, die jahrelange Tätigkeit bei Reichhardt spielte keine Rolle. Eleonora Bettig hatte als einzige Tochter ihrer verstorbenen Eltern das Haus Neuer Markt 11 geerbt (später „Brügmanns Schankwirtschaft"), auf dem die Branntweinbrennergerechtigkeit lag. Viele Jahre wurde hier Ausschank betrieben. Nun, 1829, war es leider mit Schulden belastet.

Abb. 12 Brügmanns Schankwirtschaft

Da Eleonora Bettig keinen eigenen Unterhalt hatte, wollte sie unter Leitung ihres alten Onkels die Schankwirtschaft führen, ohne das Branntweinbrennen fortzusetzen. Schon in der Zeit der Lähmung ihrer Mutter hatte sie der Wirtschaft vorgestanden, und es hatte keine Beanstandungen gegeben.

Sie war also zu dieser Tätigkeit fähig, wie die Polizei einschätzte. Dennoch wurde ihr die weitere Schanktätigkeit verboten. Da war aber die Tatsache, dass in der Stadt auch Witwen allein Schankwirtschaft betrieben. Die Lösung sollte deshalb sein, dass Bettigs Onkel nach Erwerb des Bürgerrechts die Konzession beantragen könnte. Ratsherr Schwing schrieb dazu, dass Eleonora Bettig unbescholten sei, und eine Genehmigung unbedenklich wäre. Aber die Konzession sollte bei Anlass zur Unzufriedenheit entzogen werden. Der Onkel oder ein anderer Mann sollte auf sie achten. Es wäre darüber nachzudenken, dass der Onkel oder ein Angehöriger seiner Familie eine mögliche Heirat von Eleonora Bettig hintertreibt (!), um weiter Einfluss auf die junge Frau ausüben zu können. Fazit: Eine Genehmigung gab es nur für ein Jahr, wobei die Antragstellerin sich eines ordentlichen Mannes bedienen sollte. Immerhin führte Eleonora Bettig die Schankwirtschaft ein paar Jahre lang allein. Dann heiratete sie den gelernten Buchdrucker Johann Michael Demuth, der als Schankwirt die Wirtschaft seiner Frau übernahm. Noch 1939 gab es eine ähnliche Haltung des Rats. Else Steffen hatte die Gastwirtschaft in der Wasserstraße 45, in der sie jahrelang gearbeitet hatte, von ihrem Vater Gustav geerbt. Von der Dreißigjährigen ließ sich nur Gutes sagen, aber als sie zusammen mit dem Konzessionsantrag ihre bevorstehende Heirat ankündigte, wurde dieser zügig befürwortet. Die schon angesprochene Tätigkeit von Witwen im Gastgewerbe war keine Seltenheit. Zwischen 1810 und 1910 standen mindestens 23 verwitwete Frauen hinter den Tresen. Dazu gehörten die Witwe Rieck in der Wasserstraße 73, Timm in der Ossenreyerstraße 26, Harder in der Badenstraße 24, Tode in der Wasserstraße 71, Blauert in der Papenstraße 2, Sepke in der Böttcherstraße 27, Klug in der Fährstraße 11, Gaase in der Tribseer Straße 18, Peters in der Knieperstraße 3, Koos in der Semlower Straße 8 und andere. Die meisten dieser Frauen führten die Wirtschaften nur vorübergehend einige Jahre, bis sie einen Nachfolger gefunden hatten. Alwine Klug hatte

Abb. 13 Die Schankwirtschaft „Zum Reichsadler"

eine andere Idee. Sie gab den Kneipenbetrieb zum 1. April 1900 auf und richtete im Haus ein Pensionat mit privatem Mittagstisch ein. Die lange Zeit ablehnende Haltung gegen Frauen als selbstständige Wirtinnen schlug mit Beginn des Zweiten Weltkriegs um, weil sich die Situation änderte. Durch die Einziehung der Wirte in die Wehrmacht und ihre lange Abwesenheit durch den Fronteinsatz mussten deren Frauen beziehungsweise Töchter zum Weiterbetrieb der Gastwirtschaften einen Antrag auf Konzession stellen. Diese galt häufig nur für die Dauer des Krieges. So eine Stellvertretererlaubnis erhielten zum Beispiel Maria Schmenkel für die Schankwirtschaft „Zum Turm“ in der Wasserstraße oder Frieda Schnartendorff für das „Seemannsheim“ am Querkanal. Für die Frauen hinter dem Tresen waren damit schwere Zeiten angebrochen, denn zunehmend fehlte auch das männliche Personal. Margarete Gorzny zum Beispiel, die in der Frankenstraße 31 Miterbin der Gastwirtschaft „Zum Reichsadler“ war, hatte eine Stellvertretererlaubnis erhalten. Ihr Bruder Hans als Inhaber der Wirtschaft mit Fremdenzimmern wurde 1942 in den Krieg geschickt. Sie selbst musste sich um das fünfjährige Kind ihrer verstorbenen Schwester kümmern, hatte außer einem siebzehnjährigen ungelernten Mädchen, das nicht in der Kneipe eingesetzt werden durfte, kein weiteres Personal und musste aber den Ausschank laut Verordnung von 9.00 bis 23.00 Uhr offen halten. Die Frage nach einer Pause, Zeit für Einkauf und Essenkochen interessierte die Behörden nicht. Die Gewerbepolizei schätzte ein, dass die Situation auf Grund der Siebzehnjährigen, die die Gästezimmer in Ordnung halten sollte, nicht so schwierig sei, wie von Margarete Gorzny dargestellt. Eine stundenweise Schließung käme nicht in

Abb. 14 Wohnhaus in der Wasserstraße, in dem sich Else Grewes Kneipe befand

Frage, und wenn Fräulein Gorzny die Arbeit nicht schaffen sollte, müsse sie die Gastwirtschaft eben schließen. Die schon genannte Else Steffen, nun verheiratete Grewe, bekam eine vorläufige Schankgenehmigung für vier Monate, da sie die Kneipe später verpachten wollte. Auch sie hatte neben dem Schankbetrieb noch Gästezimmer in Ordnung zu halten. Es fand sich wohl kein neuer Pächter. Der Ehemann hatte seinen Wehrdienst fern von Stralsund zu verrichten und das gemeinsame Kleinkind war zu versorgen und zu betreuen. Im Juli 1942 reichten Else Grewes Kräfte nicht mehr. Sie teilte den Behörden mit, dass sie die Gastwirtschaft schließen müsse und nur noch die Fremdenzimmer vermieten wolle.

Die Überarbeitung der Wirtinnen zeigte sich auch auf andere Weise. Anna Mondshofer, die 1938 die „Wulflamstuben" am Alten Markt von ihrem verstorbenen Mann übernommen hatte, wurde Ende 1940 wegen Übertretung des Gesetzes über den Verkehr mit Lebensmitteln zu einer Geldstrafe von 50 Reichsmark (oder zehn Tagen Haft) verurteilt.

Ihr wurde zunächst vorgeworfen, sie hätte nach Feierabend in der Leitung befindliches Bier mittels Wasser wieder in das Fass zurückgedrückt, um es am nächsten Tag nicht weggießen zu müssen. Das hätte in diesen Zeiten des Mangels Geld gespart, konnte ihr aber bei einer Kontrolle nicht nachgewiesen werden. Dafür fand man einen unsauberen Bierkeller vor, in dem Reste verdorbener Kartoffeln eine dicke Schlammschicht auf dem Fußboden gebildet hatten. Die restlichen Keller waren mit Gerümpel und Leergut zugestellt. Der zuständige Schutzpolizeimeister konstatierte, dass Frau Mondshofer wohl nicht die nötige Energie besäße, um Ordnung zu halten. Die Wirtin Helene Jentzen aus „Jentzens Bierquelle" in der Jodestraße 4 machte sich 1942 Ärger mit Schnapsausschank bevorzugt an Stammgäste. Da die Spirituosen den Wirten über das Ernährungsamt zugeteilt wurden,

Abb. 15 Die „Wulflam-Stuben" 2022

Abb. 16 Die Schankwirtinnen Hanni und Franziska Höpner, ihre Tochter

waren sie knapp. Das rechtfertige aber nicht eine ungerechte Behandlung von Gästen, meinte die Polizei, empfahl aber statt harter Strafe nur eine Verwarnung auf Grund des Alters der Wirtin. Helene Jentzen war sechsundsechzig Jahre alt und starb im Folgejahr. Die Unverzichtbarkeit und Normalität von Frauen hinter dem Tresen setzte sich in der Nachkriegszeit fort. Zu erwähnen sind Erna Höller im „Goldenen Anker" in der Langenstraße, Wanda Engellage in der Schankwirtschaft „Zur Hansa" gegenüber dem Anker oder auch Liesbeth Neumann im Ausschank der Spirituosen- und Weinhandlung in der Frankenstraße. Ab den 1980er Jahren schaffte es dann eine Frau auf eine rekordverdächtige fünfunddreißigjährige Tätigkeit als selbstständige Wirtin in Stralsund: Hanni Höpner. Ihre Stationen waren die Hafenkneipen „Zur Hansa" und „Zum Goldenen Anker", der neue „Goldene Anker" mit der „Werkstatt" und dann 22 Jahre lang die Hafenkneipe „Zur Fähre". Und was an dieser Stelle vor etwa 700 Jahren mit Theyba und Mette begann, wird in der Gegenwart von Hanni und ihrer Tochter Franziska, die 2022 Mutters Platz am Tresen einnahm, fortgeführt.

Der Prostitution verdächtig

Es waren nicht nur die Frauen hinter dem Tresen, die die Behörden lange Zeit misstrauisch im Auge hatten. Bei großen, gutgehenden Schankwirtschaften war auch Hilfe beim Servieren im Schankraum nötig.

Oft waren es in vergangenen Jahrhunderten die Töchter der Wirte oder der Wirtinnen, die den Familienbetrieb unterstützten. Das war nicht immer möglich, und so wurden fremde Schankmädchen oder Kellnerinnen eingestellt. Was soll sich die Polizeidirektion aber dabei denken, wenn der Gastwirt Nausch, der schon ein Problem mit dem verbotenen Glücksspiel hatte, allein in einem Jahr 21 Schankmädchen beschäftigte, die noch dazu ein Zimmer in der Nähe bewohnten und dabei beobachtet wurden, wie sie häufig Weinflaschen und Gläser mit nach Hause nahmen? Da war er dann auch der „Förderung der Unsittlichkeit“ verdächtig. Dass hier Prostitution im Gange war, konnte nicht nachgewiesen werden. Konkreter war es dann schon, als bei Gastwirtin Rubarth auf dem Katharinenberg Kellnerin Martha einen Gast mit einem Tripper ansteckte. Martha wurde erstmal aus dem Verkehr gezogen, und die Wirtin musste ihre Schankmädchen von da an jeden Mittwoch von einem Hausarzt untersuchen lassen und der Polizei die Atteste vorlegen. Diese Prozedur mussten auch die Mädchen bei Blauert in der Papenstraße über sich ergehen lassen, nachdem sie sich mit mehreren jungen Männern im Hinterzimmer vergnügt hatten, was irgendjemand angezeigt hatte. Diese und andere Vorfälle veranlassten die Behörden zu handeln. 1884 wurde registriert, dass 18 Wirte „liederliche Frauenzimmer“ hielten, womit man Frauen meinte, die „moralisch nicht einwandfrei“ waren oder den damaligen gesellschaftlichen Konventionen nicht entsprachen. Um 1900 erschien „Die Gast- und Schankwirtschafts-Polizei in Preußen“, ein „Praktisches Handbuch für Behörden und Wirte“ von Emil Müller. Der hatte eine Art Ratgeber auf der Basis von 700 Gerichtsentscheidungen und Ministerialerlassen erarbeitet. Zu Lokalen mit weiblicher Bedienung thematisierte er folgende Fälle: Verschleierte Kellnerinnenbedienung durch Dienstmädchen, unzüchtige Handlungen und Redensarten, unsittliche Kleidung der Kellnerinnen, auf den Schoß setzen, Verbot des Zusammensitzens von Kellnerinnen und Gästen und Kuppelei. Um Rechtssicherheit zu haben und Gäste wie auch weibliche Bedienung nicht in Versuchung zu führen, wurde dann in der „Polizeiverordnung über die Ausübung des Schank- und Speisewirtschaftsgewerbes mit Kellnerinnen-Bedienung" vom 24.Oktober 1911 festgelegt:

- „In den Gasträumen... in welchen Kellnerinnen zur Bedienung der Gäste gehalten werden, sind alle Einrichtungen verboten, durch welche Räume oder Plätze versteckt, verhüllt oder in irgendeiner Weise dem freien Ein- und Überblick entzogen werden.
- Kellnerinnen haben während der Ausübung ihres Gewerbes anständige und unauffällige Kleidung zu tragen.
- Kellnerinnen ist es verboten, in auffälliger Weise an Fenstern oder Türen der Gasträume oder an den Haustüren zu verweilen oder durch Worte, Gebärden oder andere Zeichen Personen in Gasträume anzulocken.
- Es ist ihnen ferner untersagt, an den Tischen in den Gasträumen mit Gästen Platz zu nehmen.
- Zuwiderhandlungen gegen die Vorschriften werden mit Geldstrafe bis zu 30 Mark oder entsprechender Haft bestraft."

Der Polizeidirektor bekam ein Verzeichnis mit Daten über Herkunft, Wohnung und bisherige Tätigkeit der Frauen. Positiv allerdings war, dass man in den 1920er Jahren die Wirte anmahnte, wegen der Schließung der Wirtschaften nachts um 1.00 Uhr auf Arbeitnehmerschutz hinsichtlich der weiblichen Angestellten zu achten. In einer neuen Verordnung vom Mai 1933 war dann angeordnet, dass für die Beschäftigung weiblichen Personals eine Genehmigung der Ortspolizeibehörde vorliegen musste. Das galt nicht für Verwandte der Wirtsleute. Die Polizei wünschte sich diese Regelung auch für Speisewirtschaften, da in solchen oft „nicht einwandfreie weibliche Personen zur Förderung der Unzucht gehalten werden."

Geduldete Bordelle

Prostitution gab es schon immer in Stralsund. Durch die hohe Anzahl unbeweibter schwedischer Soldaten in der Stadt nahm die Straßenprostitution im 19. Jahrhundert deutlich zu.

Von Schankwirtschaften hatten sich die Freudenmädchen fern zu halten. Um das Treiben in einigen Straßen deutlich einzuschränken, kam man auf die Idee, dass die Polizei (!) Bordelle einrichten sollte, damit sie darüber auch direkt die Kontrolle ausüben konnte. Der Polizeidirektor machte sich mit Eifer ans Werk. Ab 1807 forcierten die Stralsund besetzenden Franzosen zusätzlich die Einrichtung solcher Häuser. Nun entstanden mehrere öffentliche Bordelle, die von Schankwirten geführt wurden. Nach einiger Zeit sollten Ratsdiener incognito diese Einrichtungen aufsuchen, um zu testen, wie es so läuft. Das Geschäftsmodell war wohl gut, fand in der Nachbarschaft aber auch Kritik. Zum Beispiel hatte der Kaufmann Gierow oben in der Langenstraße das ehemalige Haus des Schiffers Bützow an den Wirt der sogenannten „ledernen Kanone“ verkauft. Das war ein „berüchtigtes Bordell für die niedrigste Volksclasse“. In einem Gesuch an die Stadt erbat eine Gruppe Bürger, die wahrscheinliche Nutzung ihres Nachbarhauses als Bordell bei Strafe zu verbieten. Nach Abzug der Franzosen kamen der Rat und die Polizeidirektion zu der Erkenntnis, dass kontrollierte Bordelle nicht die Lösung waren, denn die Geschlechtskrankheiten nahmen trotzdem zu. Es blieb das Mittel des Verbots. Da Bordellwirte schwer kündbar waren, sollten die Mädchen weg. Im November 1818 erhielten die Bordellwirte Haupt, Weigeltin und Witwe Seegert die schriftliche Aufforderung, ihre Freudenmädchen bis Ende des Monats zu entlassen, ansonsten drohte ihnen ein Strafverfahren. Im Oktober 1845 erschien eine Regierungsanordnung über die Aufhebung der Bordelle. Dennoch erreichten noch Jahre später Amtsschreiben aus der preußischen Hauptstadt Berlin die Stralsunder Polizeidirektion, in denen man vom dortigen Umgang mit Prostitution und Bordellen, die es in Berlin in ganz anderen Größenordnungen gab, berichtete. Dass allerdings in Stralsund Bordellwirte medizinische Instrumente zur regelmäßigen Untersuchung der Mädchen selbst beschafften, wie es in Berlin-Cölln war, ist nicht überliefert. Es scheint aber, dass die Prostitution in Kneipen sich nicht einfach mit einer Behördenanordnung in Luft auflösen ließ. Es gab sie weiterhin. 1954 verweigerte man dem „Ratsweinkeller" den Betrieb als Nachtlokal, weil ständig die Polizei wegen Schlägereien und anderer Unruhe anrücken musste. Diese sollen ausnahmslos ihren Ursprung bei „weiblichen Personen mit einem fragwürdigen Lebenswandel" gehabt haben. In der Interpretation der Polizei hieß das, dass hier Prostituierte ein und aus gingen, wodurch im Volksmund auch die Bezeichnung „Nuttenkeller" entstand. Man sollte nicht glauben, dass die Hafenkneipen von diesen Erscheinungen frei blieben. So wurde zum Beispiel Angehörigen der Nationalen Volksarmee und der Volksmarine der Besuch in der Kneipe „Zum Turm" untersagt, damit sie gewissen Mädchen nicht in die Arme fielen.

Die Bedürfnisfrage

Die Stadt bemühte sich auch zu Beginn des 20. Jahrhunderts mit den Mitteln der Gesetze und Verordnungen die Zahl der Schankstätten in Stralsund zu verringern und hatte sich damit in einen zähen Kampf gegen Wirte und Rechtsanwälte begeben.

1913 waren 100 Schankwirtschaften und 40 Gastwirtschaften gezählt worden. In einer preußischen Verordnung über Schankerlaubnis wurde festgestellt, dass viele Wirtschaften entstanden waren, „für die nicht das mindeste Bedürfnis besteht und bei denen offenbar die Bedürfnisfrage nicht mit der nötigen Schärfe geprüft ist." Nun sollte die Prüfung der Bedürfnisfrage „nachdrücklichst zur ernsten Pflicht gemacht" werden. Dazu sollte die Art der Wirtschaft festgelegt und die zugelassenen Räumlichkeiten und genehmigten Getränke überprüft werden. Die Verwendung der Räume sollte dem öffentlichen Interesse entsprechen. Der Polizei wollte man erleichterte Möglichkeiten zum Konzessionsentzug und zur Schließung von Wirtschaften einräumen. Auch die persönliche Zuverlässigkeit von Konzessionsbewerbern sollte geprüft werden. Ziel war natürlich die Ablehnung eines Antragstellers. Zu dessen Information war vom Stadtausschuss ein fertiger Text vorbereitet worden. „Bescheid: Da der Ertheilung der erbetenen Erlaubniß sowohl von der Polizei-Direktion als auch vom Rathe in Ermangelung des Nachweises eines vorhandenen Bedürfnisses zur Errichtung dieser ... stätte widersprochen ist, dieser Widerspruch auch in den örtlichen Verhältnissen seine Begründung findet, indem in dieser Gegend der Stadt bereits folgende Schänken bezw. Kleinhandelsstätten vorhanden sind ... wird das Gesuch zurückgewiesen." Handschriftlich wurden die anderen Wirtschaften in der Lücke aufgelistet. Wie Wirten in diesem Zusammenhang eine erweiterte Nutzung ihres Hauses erschwert wurde, zeigt das Beispiel am Querkanal 4 (heute „Brazil"-Bar). 1896 hatte Ferdinand Borck das Lokal übernommen und betrieb Schankwirtschaft mit Speiseangebot. Er wollte Fischer in seinem Haus beherbergen. Dafür brauchte er aber eine Konzession für Gastwirtschaft. Die wurde mit der Begründung abgelehnt, dass das Bedürfnis nach Logierstuben so gering sei, dass zwei Gastwirte in der Gegend diese gar nicht mehr anbieten. Im Übrigen gebe es am Hafen schon genügend Gastwirtschaften. Zwei Jahre später erhielt Borck auf erneuten Antrag wieder eine Ablehnung. Seine Kunden, die Hiddenseer und Jasmunder Fischer, die den nahen Fischmarkt versorgten, unterstützten die Bemühungen des Wirts mit einer Unterschriftenliste, auf der 203 Unterzeichner ihren Wunsch nach Logis in diesem Haus bekundeten. Die wurde zusammen mit einer Klage dem Stadtausschuss vorgelegt. Nun wurde genehmigt. 1903 kaufte der Kaufmann Gustav Schröder das Haus und wollte Schank- und Logierbetrieb fortführen. Diesmal waren es 80 Hiddenseer, Rügener und Freester Fischer, die deutlich machten, das andere Gastwirtschaften für sie nicht geeignet seien, da sie von dort ihre Boote nicht in Sichtweite hätten. Die

Abb. 17 Die ehemalige Gastwirtschaft am Querkanal 4, heute „Brazil-Bar"

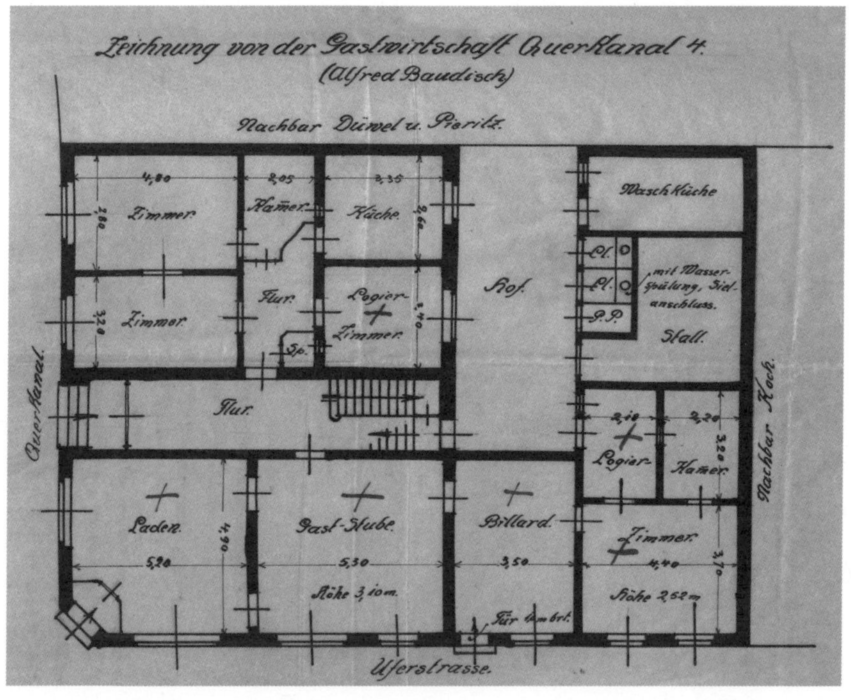

Abb. 18 Von Alfred Baudisch eingereichte Bauzeichnung

Behörde nahm Befragungen in anderen Wirtschaften vor und lehnte die Logierung ab. Die Fischer nähmen nur ausnahmsweise Unterkunft, wenn sie mit ihren Frauen zum Einkaufen kommen. Sonst schliefen sie auf ihren Booten, so das Ergebnis. Die Klage des Wirts gegen die Polizeibehörde führte zur Verhandlung, bei der die Stadt den Nachweis erbrachte, dass kein Bedürfnis besteht. Gegen diese Bestätigung der Ablehnung legte Schröder mit einem Anwalt Berufung ein. Der Anwalt verwies auf die Entscheidung des Stadtausschusses im Fall Borck. Drei Logierzimmer waren vorhanden. Das Grundstück wäre nun nach Versagung der Konzession entwertet. Schröder habe das Haus in der Erwartung gekauft, dass er die Gastwirtskonzession wie Borck erhalte. Das Ausbleiben von Fischern würde ihn schädigen. Zur Unterstützung wurde ein Schreiben der Gemeindevorsteher von Vitte und Neuendorf zur Kenntnis gegeben, in dem diese das Anliegen von Fischern und Wirt unterstützten. Daraufhin tagte der Bezirksausschuss und hob danach die angefochtene Entscheidung auf. Gustav Schröder sollte nun endlich die Gastwirtskonzession bekommen und könnte somit seine Logierzimmer vermieten. Als 1907 Alfred Baudisch das Haus von Schröder kaufte, ging die Auseinandersetzung in die nächste Runde. Gastwirt Baudisch stieß mit seinem Konzessionsantrag auf die Ablehnung des Stadtausschusses, weil der Nachweis eines Bedürfnisses fehlte. Dann kam noch eine neue Begründung dazu. Die Logierzimmer entsprächen nicht den ministeriellen Anforderungen. Sie wären mit 6 ½ Quadratmetern zu klein und ohne Tageslicht. Kurz, es wären eigentlich gar keine Logierzimmer. Baudisch bat um Verhandlung vor dem Stadtausschuss und wurde vom Besitzer der Stralsunder Schloßbrauerei Louis Mayer unterstützt. Der wies in einem Schreiben an den Bürgermeister daraufhin, dass es auch um die Existenz des Wirts gehe. Die Verhandlungsstrategie der Behörde war, zu unterstellen, dass es gar nicht um die Fischer, sondern um das Geschäft ging. Baudisch blieb nur noch der Weg der Klage und beauftragte einen Anwalt. Der fand die Gründe der Verweigerung nicht stichhaltig und berief sich auf die Konzessionserteilung für Schröder von 1904. Das Interesse der Fischer an Unterkunft sei verständlich, und kleine Logierräume seien besser, als unter Deck zu schlafen, wo es enger sei und nach Fisch rieche. Das Bemühen des Anwalts brachte keinen Erfolg. Eine Berufung wurde kostenpflichtig abgewiesen. Baudisch ging noch einmal in die Offensive. Er baute um, so dass ein Teil seiner Wohnung zu Logierzimmern wurde. 76 Fischer griffen wieder mit einer Petition ein und erklärten, dass sie auf offenen Booten nicht übernachten könnten. Da entschied der Bezirksausschuss, dass die Konzession zuerkannt werden solle. Der Kläger trug die Kosten des Verfahrens.

Abb. 19 Die Schankwirtschaft „Zum Stadtwappen“

Das Problem mit dem fehlenden Bedürfnis hatten in dieser Zeit auch die Gastwirte Carl

Hacker, Ludwig Möller, Hugo Crazius und der Kaufmann Max Zühlke – alle in der Schankwirtschaft „Zur Hansa" in der Langenstraße 41. Der Verlauf der Auseinandersetzungen war vergleichbar. Ein Wirt war in diesem Interessenstreit besonders ausdauernd. Der Bierverleger Ludwig Zielinski hatte 1886 die Wirtschaft in der Frankenstraße 36, später „Zum Stadtwappen", gepachtet und wollte das Speisenangebot und den Bierausschank fortsetzen. Für Letzteres gab es nun aber kein Bedürfnis mehr. Bis 1894 reichte Zielinski noch sechs weitere Anträge für Bier- oder auch Spirituosenausschank ein. Erst der letzte wurde genehmigt, weil in der Nachbarschaft eine Kneipe geschlossen wurde und Zielinski mit polnischen Landarbeitern, die er in neuen Logierzimmern unterbringen konnte, Mittelständlern und Landleuten, die die benachbarte katholische Kirche besuchten, ausreichend Kundschaft hatte. Die Bedürfnisfrage war auch noch in den Dreißigerjahren ein hochaktuelles Thema in der Stadt.

Schwarze Schafe unter den Wirten

Man kann davon ausgehen, dass eine große Mehrheit der Schank- und Gastwirte sich redlich bemüht hat, im Interesse ihrer Gäste und ihrer eigenen Familien ihre Wirtschaften anständig und in Übereinstimmung mit den staatlichen Regeln zu führen. Kleine Verstöße und Ordnungswidrigkeiten wie geduldetes Glücksspiel, Ausschank an Gymnasiasten oder Überschreitung der Polizeistunde kamen vor, wie wir wissen, ließen sich aber regeln. Ganz wenige jedoch kamen massiv mit den Behörden in Konflikt. Das soll an den folgenden drei Beispielen vorgestellt werden.

Im Jahr 1937 pachtete der Buffetier des Konzerthauses Hans B. die Schankwirtschaft „Zum Komet" am Frankenwall 18 einschließlich der Kolonialwarenhandlung. Die Behörden hatten bezüglich der Konzession keine

Einwände. Zu spät merkte man, dass es an seiner alten Wirkungsstätte Klagen über den Mann gegeben hatte. Der Ärger setzte sich nun fort. Bald schon handelte B. sich zwei Geldstrafen wegen Überschreitung der Polizeistunde ein und eine, weil er im betrunkenen Zustand randaliert und die Hausbewohner belästigt hatte. Als sich herausstellte, dass er zum wiederholten Mal seine Frau misshandelt und die Hausbewohner bei ihrer Nachtruhe gestört hatte, nahm die Polizei ihn fünf Tage in Haft. Er ist „dem Trunke stark ergeben" und neigt dann zu Ausschreitungen, schrieb die Polizei ins Protokoll. Auch die Androhung des Konzessionsentzugs brachte den Wirt nicht zur Einsicht. Es kam der 10. März 1938. Morgens um 4.15 Uhr stritt B. lautstark mit Gästen über die Zahlung der Zeche. Am Tisch saßen ein Postschaffner, ein Kaufmann und zwei Prostituierte, mit denen er selbst schon Stunden zuvor in anderen Lokalen getrunken hatte. Anscheinend verrichtete er für sich und seine eigene Kneipe „Schlepperdienste". Seine Frau war inzwischen mit ihren Möbeln zu ihren Eltern geflüchtet. Bei Eintreffen der Polizei besaß B. die Frechheit, den beiden Beamten noch Bier einzuschenken. Nach diesem Vorfall erwog man nun ernsthaft den Konzessionsentzug. Die Wirtschaftskammer Pommern äußerte, dass B. dem Berufsstand keine Ehre gemacht habe und der gewerblichen Wirtschaft der Stadt mit seinem Verhalten sehr schade. Als das Verfahren gegen ihn eingeleitet wurde, nahm er sich einen Anwalt, der mit Zeugen nachweisen wollte, dass seine Ausbrüche berechtigt waren und er nicht zur Trunksucht neige. Unter diesen Zeugen waren auch Hausbewohner. Sicherheitshalber kündigte B. an, diese Kneipe aufgeben zu wollen. Nachdem er sie verkauft hatte, registrierte das Gericht die Zurückziehung des Entziehungsantrags. Eine spätere Neukonzessionierung für

Abb. 20 Die Gastwirtschaft „Zum Komet"

eine andere Schankwirtschaft hielt man aber für ausgeschlossen. Die Kneipe übernahm Karl Wienberg, der jedoch selbst mit verschiedenen Delikten auffällig wurde.

Die Gastwirtschaft „König von Schweden" in der Hafenstraße 4 (heute Am Fischmarkt) hatte zwar den Status eines Restaurants, entwickelte sich aber bis in die Zwanzigerjahre des vergangenen Jahrhunderts zu einer Hafenkneipe, in der vorwiegend Hafenarbeiter und Frauen mit „nicht einwandfreiem Ruf" verkehrten. Durch die Polizeistundenverlängerung bis 3.00 Uhr früh konnte man sie auch als Nachtlokal betrachten. Zwischen 1891 und 1922 hatte es viele Besitzerwechsel gegeben. Dann kaufte die Wirtin Alice K. das Haus und beantragte Schankkonzession. Die erhielt sie erst, nachdem sie gegen die Ablehnung Rechtsmittel eingelegt hatte. Ihr Ehemann war als Gastwirt mitaufgeführt, hatte dann aber aus Krankheitsgründen nichts mit dem Betreiben der Wirtschaft zu tun. Die Übernahme durch Frau K. war schon von einer Strafgebühr von 50 Reichsmark wegen unberechtigter Ausübung des Ausschanks begleitet. Der bislang schlechte Ruf der Kneipe blieb auch mit der neuen Wirtin bestehen. Es gab viele Streitigkeiten unter den Gästen, die häufig mit Schlägereien endeten. Grund dafür waren meistens Frauen, wie die eingreifenden Polizeistreifen feststellten. Die Kneipe sei Treffpunkt „zweifelhafter Weiber". Der Vorwurf der Unzucht verstärkte sich noch durch die Einstellung von vier Frauen für die Bedienung. Die Polizei musste sich oft mit der Ruhestörung der Nachbarschaft beschäftigen. 1923 kursierten dunkle Gerüchte über Alice K., lediglich wegen Kuppelei wurde sie bestraft. Auffällig war wohl der sehr schmutzige Zustand des Gastraums in dem ohnehin baufälligen alten Haus. Wie anfangs schon erwähnt, veranlassten entsetzte schwedische Gäste bei der Stadt eine Änderung des Kneipennamens, der dann „Zur Linde" lautete. Es gab inzwischen die staatliche Anweisung, dass Polizeibeamte das Lokal privat nicht betreten durften. Später erließ die Wehrmacht ein Betretungsverbot für ihre Angehörigen. 1934 wollte die erkrankte Wirtin ihrem Schwiegersohn die Kneipe stellvertretend übergeben. Nun waren die Behörden entsetzt. Warum nur wollte der Mann seine gut bezahlte Stellung bei der Marine aufgeben und in dieser Kneipe arbeiten? Er erhielt, nachdem er nicht von seinem Vorhaben abzubringen war, eine vorläufige Stellvertretererlaubnis. Aber Alice K. kehrte zurück. Knapp zehn Jahre später kam es zu einem folgenschweren Dienstbesuch des Polizeimeisters Konrad in der Hafenstraße 4. Die Zustände, auf die er traf, waren unglaublich. „Der Hof mit Gerümpel zugestellt, nur ein schmaler Durchgang zu restlos verstopften Toiletten, ein überlaufendes Plumpsklo", hielt er im Protokoll fest. Am folgenden Tag besichtigten Behördenmitarbeiter das Innere der Kneipe. Was sie dort sahen, war genauso erschütternd: Eine verschmutzte Schankanlage, der Eiskasten für die Kühlanlage voller Schlamm, Pilzbefall, die Zapfanlage defekt, eine völlig verdreckte Küche, tagelang nicht abgewaschenes Geschirr, vor der Küchentür größere Haufen stinkenden Unrats, darunter Fischabfälle. Die Wirtin, daraufhin angesprochen, argumentierte mit fehlenden Reinigungsgeräten, und außerdem habe sie wenig Zeit, da sie sich um einen großen Garten kümmern müsse. Die Küche würde sie ohnehin nicht mehr benutzen. Die Behördenmitarbeiter kamen zu dem Schluss, dass die beste Lösung des Problems eine Schließung der Wirtschaft wäre. Mit einem Gutachten der Baupolizei sei das wohl auch schnell zu erreichen. So kam es im Mai 1943 zur vorläufigen Schließung. Alice K. versprach eine Verbesserung der Situation, aber die Polizei war unerbittlich. Kriminalinspektor Prehn begründete: „In diesem Lokal verkehrten in erster Linie die übelsten Prostituierten und zweifelhafte Menschen. Das Lokal selbst macht einen wenig günstigen Eindruck. Den allerungünstigsten Eindruck aber macht die Frau Alice K. selbst, denn ihre ganze Persönlichkeit und ihre Kleidung waren so, dass man mit Appetit in dem Lokal nichts verzehren konnte. Die K. selbst lehnte sich fast dauernd über die Theke, hinter der sie stand und es war ein geradezu ekliger Anblick, wenn die Frau ihre überaus fetten und vollen Brüste auf die Theke drückte..." Hinzu kam der Verweis auf die inzwischen elf Vorstrafen, überwiegend wegen Betrugs. Polizeimeister Konrad behielt auch das große Ganze im Auge, als er äußerte: „Kommt...ein Fremder in das Lokal, so erhielt dieser einen Begriff von Stralsund, den er, da dieser niederschmetternd ausfallen muss, fürs Leben nicht wieder vergißt." Eine Rücknahme der Schließung nach Beschwerde der Wirtin wurde abgelehnt.

Im Sommer 1950 verließ der Gastwirt Emil U. die Schankwirtschaft „Zum Schill" in der Fährstraße 24 und übernahm die Wirtschaft „Zum Krokodil" in der Tribseer Straße 18. U. war bei der Polizei auch kein unbeschriebenes Blatt. Ihm war wegen mehrfachen Überschreitens der Polizeistunde bis in die frühen Morgenstunden schon der Konzessionsentzug angedroht worden. Die Lautstärke seiner Zecher im Hausflur hatte die Hausbewohner verärgert. 1955 gab es in seiner neuen Kneipe einen Vorfall mit einem Angehörigen der Seepolizei. U. wurde vorgeworfen, er habe den Mann genötigt, einen Dreiviertelliter Weinbrand Spezial auszutrinken und danach noch

Abb. 21 Die Gastwirtschaft „Zur Linde", vorher „König von Schweden"

selbst weitere Schnäpse mit ihm getrunken. Der stark Betrunkene musste von zwei Gästen in sein Logierzimmer geschleppt werden. Da er am nächsten Morgen noch bewusstlos war, wurde er mit seiner Alkoholvergiftung ins Krankenhaus gebracht. Auch einen weiteren Gast habe U. betrunken gemacht, indem er ihm Zigarettenasche ins Bier geschüttet habe. Die Frau des Wirts wiegelte ab. Der Matrose habe die Flasche bei ihr gekauft und innerhalb von zehn Minuten ausgetrunken. Weitere bestellte Schnäpse habe sie ihm verweigert. Ihr Mann habe den Tisch vorher verlassen und sei in ihre Wohnung gegangen. Von einer möglichen Wette wussten die Wirtsleute nichts und hatten den Trinker auch nicht die ganze Zeit im Auge. Der Seepolizist sagte später aus, dass U. selbst betrunken gewesen sei und ihn und einen Berliner am Tisch zum Weitertrinken aufgefordert habe. Der Rat der Stadt, Abteilung Handel und Versorgung, sah fehlende Zuverlässigkeit des Wirts und nahm ihm die Konzession weg. Am 30. Januar 1956 wurde die Kneipe geschlossen. Emil U. erhob Einspruch dagegen. Der Vorwurf mit der Asche im Bier sei haltlos, ansonsten gab er zu, schuldhaft gehandelt zu haben, habe die Strafe aber als zu hart empfunden. Dann kritisierte er die Behörde. „Unverständlich ist mir, dass sie im Rat der Stadt zu einer Beschlussfassung gekommen sind, ohne mir die Möglichkeit zur Rechtfertigung zu geben, wie es in der Verfassung unserer Republik festgelegt ist." Und da hatte er Recht. In Eile wurde die Kneipe dem HO-Gaststättenbetrieb zugeschlagen, wogegen der Anwalt des Hausbesitzerehepaars Widerspruch einlegte, denn das Haus sollte verkauft werden. Aber wer kauft ein Haus mit einer fremdbetriebenen Schankwirtschaft? Die HO setzte einen Betreiber ein. Am Ende setzte sich noch ein Bezirkstagsabgeordneter für U. ein, aber die Entscheidung war gefallen.

Aus der schwierigen Nachkriegszeit in die DDR

Schwierig waren für die Wirte und, wie schon angedeutet, die Wirtinnen die letzten Kriegsjahre.

Einige Wirtschaften, wie zum Beispiel der „Klabautermann“ am Querkanal 2, die Schankwirtschaft in der Wasserstraße 18 oder die „Dorfschänke“ in der Langenstraße wurden eine Zeit lang geschlossen.

Andere, wie „Jentzens Bierquelle“ in der damaligen Jodestraße, schlossen ganz oder wurden 1944 bombardiert. Dies betraf die Wirtschaft „Zum schwarzen Adler“ in der Heilgeiststraße 36, das Lokal von Heinrich Schluck in der Wasserstraße 69 und die „Ressource“. Das Haus des „Braustübl“ in der Kleinschmiedstraße wurde durch einen Bomberabsturz zerstört. Als 1945 die Rote Armee in Stralsund einrückte, war unklar, was mit den Lokalen passieren würde. Der „Klabautermann“ wurde bis 1946 mit sowjetischen Soldaten belegt. Die „Gaststätte Kramer“ am Querkanal 4 (heute „Brazil-Bar“) wurde im selben Jahr auch von der Roten Armee geräumt. Dennoch erhielt der Kellner Hugo Prehn vom 26. April 1946 bis zum 30. April 1947 auf seinen Antrag hin eine Betriebserlaubnis. Am 1. Mai 1947 wurde die Schankwirtschaft für die sowjetische Reiseagentur „Intourist“ beschlagnahmt. Durch das Besatzungsrecht konnte sie Hotels und Gaststätten in der sowjetischen Besatzungszone übernehmen. Prehn wurde als Leiter in dieser Filiale eingesetzt. Durch diesen Sonderstatus ruhte seine Konzession. Die Wirtschaft trug nun den Namen „Zum

Abb. 22 Der „Klabautermann“ 2022

Hafen“. Im August 1950 endete die Beschlagnahme. Hugo Prehn konnte den Schankbetrieb nach seinen Vorstellungen wieder aufnehmen. Später war die Kneipe nicht mehr öffentlich zugänglich, denn sie lag im abgesperrten Betriebsgelände des Seehafens.

Die städtischen Behörden hatten in den ersten Nachkriegsjahren mit den Zerstörungen in der Stadt, der Unterbringung von Vertriebenen und eine durch den Mangel an allem verstärkte Kriminalität zu tun. Um das Leben in Stralsund nicht ins Chaos gleiten zu lassen, sahen sie sich unter anderem sehr genau an, wem man eine Konzession für den Betrieb einer Schank- oder Gastwirtschaft zuerkennen konnte. Die Prozedur war aufwändig und wird nicht jedem gefallen haben. Die Bewerber hatten einen Antrag zu stellen und einen Fragebogen auszufüllen, der persönliche Daten und Fragen nach dem bisherigen Arbeitsort und den Ämtern beziehungsweise der politischen Betätigung während der Nazizeit erfasste. Dazu kamen Fragen zum Grundstück und der Wirtschaft. Die dazugehörigen Grundrisszeichnungen mussten in fünffacher Ausfertigung beigelegt werden. Dann wurden die Entscheidungsträger informiert, deren Meinung schriftlich eingefordert wurde. Das waren im Einzelnen das Sekretariat für Industrie, die Industrie- und Handelskammer, die Sozialfürsorge mit dem Jugendamt, das Stadtbauamt, der Landeskonzessionsausschuss, das Registrierungsbüro, das Amt für Arbeit, der Block der antifaschistisch-demokratischen Parteien und der Polizeichef. Letzterer hatte zu recherchieren, ob kriminelle Handlungen des jeweiligen Bewerbers ab 1. Mai 1945 vorlagen und ob irgendwelche Strafen registriert waren. Hier wurde also das polizeiliche Führungszeugnis wichtig. Der Parteienblock entschied über die politische Tragbarkeit des Bewerbers. Eine NSDAP-Mitgliedschaft in der Nazizeit war dem Konzessionswunsch in der Regel abträglich. Ansonsten standen zwei Fragen im Mittelpunkt: Ist der Bewerber zuverlässig und – immer noch aktuell – liegt ein Bedürfnis für die Kneipe vor? Für die persönliche Zuverlässigkeit gab es klare Kriterien. Frage: „Liegen Tatsachen vor, die die Annahme rechtfertigen, daß der Antragsteller die für den Gewerbebetrieb erforderliche Zuverlässigkeit nicht besitzt? (z. B. Trunkenheit oder Mißbrauch des Gewerbes zur Förderung der Schlemmerei, der Völlerei, des Glücksspiels, der Hehlerei, unlauterer Handelsgeschäfte oder der Unsittlichkeit oder zur Ausbeutung Unerfahrener, Leichtsinniger oder Willensschwacher, zur sittlichen oder gesundheitlichen Schädigung Jugendlicher oder zum Vertriebe gesundheitsschädlicher, verfälschter oder verdorbener Nahrungs- oder Genußmittel.“ Wer mit einer weißen Weste seine Konzession erhalten hatte, musste darauf achten, sich weiterhin keine Verfehlungen zu leisten. Die Strafen konnten drastisch sein. Man kann in Zeiten des Wohlstands leicht über Wirtinnen und Wirte urteilen, die die nötige Zuverlässigkeit nach damaligen Maßstäben vermissen ließen oder gewissen Versuchungen nicht widerstehen konnten. Man möge aber daran denken, dass die Lebensverhältnisse übel waren. Probleme mit der Zahlung von Steuern mehrten sich. Einige Wirte wurden wegen der Hinterziehung der Umsatzsteuer, der Einkommenssteuer oder der Gewerbesteuer zu Geldstrafen verurteilt. Damit im Zusammenhang stand das Delikt der Abgabengefährdung. Die Strafen bemaßen sich je nach Umfang und Zeitraum auf 300 bis 1500 DM. Weiterhin gab es Fälle von nicht gezahlten Sozialversicherungsbeiträgen und Grundsteuern. Es ist nicht unbedingt davon auszugehen, dass hier kriminelles Tun vorlag. Der Gastwirt Hans Schulz aus der Gastwirtschaft „Zum Stadtwappen“ in der Frankenstraße meldete seinen Betrieb zum 30. September 1950 ab, da seine Betriebsmittel erschöpft waren. Nach der Übernahme 1947 hatte er die Wirtschaft renoviert und geriet dann möglicherweise wegen zu weniger Gäste in Schwierigkeiten. Auf ihn kam eine Nacherhebung von Einkommens-, Umsatz-, Gewerbe- und Schankerlaubnissteuer zu. Auch Sozialversicherungsbeiträge waren nachzuzahlen. Die Währungsreform 1948 hinterließ bei Schulz ebenfalls eine Lücke im Budget. In seltenen Fällen wurde die Konzession eines säumigen Wirts auf die Ehefrau übertragen, die dann die Wirtschaft führen durfte und vom Gewinn die Schulden ihres Mannes abtragen musste. Diese Chance erhielt Liesbeth Neumann mit der Kneipe in der Frankenstraße 18. Wenige Jahre später wurde aber auch sie wegen „Abgabengefährdung“ verurteilt. Das Thema Steuern beschäftigte die Wirtinnen und Wirte noch bis in die Achtzigerjahre. So ließen einige, deren Geschäfte

Abb. 23: Die Gaststätte „Zum Stadtwappen“ in den Fünfzigerjahren

Abb. 24: In diesem Haus befand sich die Wirtschaft „Zum weißen Rössel“

gut liefen, eine Zeit lang ihren zweiten Gastraum geschlossen, damit sie nicht die starke finanzielle Belastung der progressiven Steuer zu spüren bekamen. Gefährlich wurde es für Maria Rickmann, die nach dem Tod ihres Mannes 1946 die Konzession zur Weiterführung der Schankwirtschaft „Zum weißen Rössel“ in der Frankenstraße erhielt. Zunächst wurde sie angezeigt, nachdem sie zum vierten Mal die Polizeistunde überschritten hatte, ein Delikt, das immer noch verbreitet war. Als sie aber Zigaretten zu überhöhten Preisen verkaufte, fiel das unter Schwarzhandel, und es drohte Konzessionsentzug. Im Mai 1947 wurde die Wirtschaft dann von der Polizei geschlossen. Frau Rickmann habe gegen das Alliierte Kontrollratsgesetz, Artikel 50 und 52 verstoßen. In ihrem Küchenschrank hatte sie etwa 3000 Briefmarken aus der Nazizeit mit dem Hitlerportrait liegen, die sie nach eigener Aussage zum Feueranmachen verwenden wollte. Solche Marken waren von der Militärkommandantur der Roten Armee verboten worden und wurden beschlagnahmt. Bei Besitz drohten schärfste Strafen, denn die Marken galten als faschistisches Propagandamaterial. Der zweite Vorwurf bezog sich auf die Annahme von zwanzig Kilo Fischen, die die Wirtin von einem Fischer als Bezahlung seiner Zechschulden bekommen hatte. Also wiederholter Schwarzhandel in den Augen der Polizei. Nach einem Monat wurde die Schließung des Lokals wieder aufgehoben. Von mehreren Antragstellern erhielt Erna Zieske, die das Cafe Niemann in der Frankenstraße betrieben hatte, die Betriebsgenehmigung. Aber auch ihr Schicksal wurde durch verbotene Nebentätigkeit besiegelt. Sie selbst verkaufte Fische, die Fischer ihr regelmäßig ins Haus brachten, und englische und amerikanische Zigaretten zu überhöhten Preisen an Gäste, beziehungsweise sie duldete in ihrer Wirtschaft den direkten Verkauf durch die Lieferanten. Zunächst wurde die Preisbehörde aufmerksam, denn für eine Zigarette, die laut Preisanordnung fünfzehn Pfennige kostete, nahm die Wirtin 1,30 Reichsmark. Als dann die Geschäfte mit raren Lebensmitteln wie Butter, Wurst und Weißbrot sowie mit Schnaps ins Laufen kamen, war die Kreispolizei sicher, dass das „Weiße Rössel" eine „Schieberzentrale" war. Auf frühzeitige Warnungen hatte Erna Zieske nicht gehört. Es dürfte ihr nicht entgangen sein, dass die Öffentlichkeit an ihren Geschäften Anstoß nahm. Nun wurde ihr die Schankerlaubnis wegen Unzuverlässigkeit entzogen und die Gastwirtschaft erneut geschlossen. Mit der Geldstrafe kam die Wirtin noch gut davon. Ein Kollege aus der Langenstraße wurde wegen Schwarzhandels in seiner Gastwirtschaft zu acht Jahren Haft und zusätzlichen fünf Jahren Berufsverbot verurteilt. Aber auch Zieskes Nachfolger wurde die gerade erst erteilte Konzession wieder entzogen, weil die Polizei herausfand, dass er wegen Diebstahls eines Sandsiebs und von Kohlen bestraft worden war. Das war laut Behörden kein Bagatelldelikt, was sein Anwalt trotzdem anders sah. Was die Polizei sonst noch aktiv werden ließ, waren Fälle von Schnapsverfälschung und das Verkaufen von solchem unreinen Alkohol sowie verbotene Branntweinherstellung. Schnaps war im freien Handel kaum noch zu bekommen.

Für zwangsgeschlossene oder während des Krieges aufgegebene Lokale mussten die Behörden nicht unbedingt neue Konzessionen vergeben. 1948 wurde die Handelsorganisation (HO) gegründet, die Geschäfte, Restaurants, Hotels und Gastwirtschaften in staatlichen Besitz brachte. Mit den Grundstückseigentümern wurde ein Pachtvertrag abgeschlossen. Dann konnten bisherige Wirte,

Schwarzmarkt

Schwarzmarktgeschäfte beziehungsweise Schwarzhandel waren nach dem Krieg in der deutschen Bevölkerung weit verbreitet, für viele Menschen sogar ein Mittel zum Überleben. Sogenannte Schieber besorgten knappe oder gar nicht mehr im freien Verkauf erhältliche Waren und boten diese potentiellen Käufern zu überhöhten Preisen an. Da viele dieser Waren aus offiziellen Verteilungswegen (oft auch durch Diebstahl oder Betrug) „abgezweigt" wurden, unterliefen diese Händler gesetzliche Regulierungen oder Bestimmungen. Weil die Polizei und das Militär der Besatzungsmächte versuchten, diesen Handel zu unterbinden, konnten die raren Erzeugnisse nur verdeckt angeboten werden. Das geschah an unübersichtlichen öffentlichen Orten, aber auch in Gastwirtschaften, wo sich bekanntlich Menschen treffen. Vor Razzien waren sie natürlich nicht sicher. Dass man als Schieber gut verdienen konnte (es sei denn, man tauschte Waren), zeigen schon wenige Beispiele aus dem Jahr 1947: 1 Kg Butter (4 Reichsmark) wurde für bis zu 550 RM gehandelt. 1 Kg Brot (0,37 RM) brachte 30–40 RM ein. 1 Flasche Wein (2 RM) war für ebenfalls 30–40 RM zu bekommen. Kartoffeln waren nur noch bei Bauern auf dem Land erhältlich.

Abb. 25 Die HOG „Am Rathaus" im ehemaligen Kontor- und Ausschankhaus der Vereinsbrauerei in der Ossenreyerstraße

natürlich bei Zuverlässigkeit, als Geschäftsführer eingesetzt werden. Im Laufe der Jahre vermehrten sich diese HO-Gaststätten (HOG). Nur wenige Kneipen konnten in privater Hand bleiben. Wenige Wochen nach dem Volksaufstand vom 17. Juni 1953 erschien allerdings eine Anordnung des Ministeriums für Handel und Versorgung, dass private Geschäfts- und Gaststätteninhaber, deren Geschäfte beziehungsweise Lokale in letzter Zeit geschlossen worden waren, und die den Wunsch hatten, diese wieder zurückzuerhalten, einen Antrag auf Rückübertragung an die Handelsorgane richten sollten. Ob da wohl ein Zusammenhang bestand? Mit dem Begriff „Gaststätte" hatte man eine umfassende Bezeichnung für die verschiedenartigen gastronomischen Betriebe geprägt, die eigentlich eine positive Ausstrahlung hat.

Neben dem baulichen Verfall alter Wirtschaften wurden ab den Siebzigerjahren aber auch viele neue Gaststätten für die Stralsunderinnen und Stralsunder und die Urlauber geschaffen. Schon 1966/1967 war aus der „Kinoklause" in der Frankenstraße der „Grillroom", eine Grillbar, entstanden und aus dem ehemaligen „Turm" in der Wasserstraße die „Pilsner Bierstuben", die in rustikaler Atmosphäre mit echtem Pilsner Bier lockten. Die HOG „Zum Richtenberger" in der Ossenreyer Straße wurde 1971 als Fischgaststätte zum „Gastmahl des Meeres". Unvergessen, wie man in diesem beliebten Lokal auf dem schmalen Hausflur anstehen musste, um einen Platz zum Mittagessen zu bekommen. Ungewohnt war auch, dass man auf den Plätzen vor dem Tresen dem Koch bei der Arbeit zusehen konnte. Für die Skatspieler öffnete 1970 in einem ehemaligen Cafe am Apollonienmarkt der „Kreuzbube" seine Tür. Leider war nach wenigen Jahren das Skatspielen hier nicht mehr möglich.

Dafür konnte man in der nun umbenannten „Grillka“ Kaninchenfleischgerichte essen. Nun ja, das war wohl auch eine Bedürfnisfrage. 1978 eröffnete am Neuen Markt die Bierstube „Gedania“, eine Wirtschaft mit rustikaler Einrichtung, die in Polen gefertigt, von polnischen Handwerkern eingebaut wurde. Dort gab es sogar Bockbier. Interessant war auch die kleine Weinstube „Bacchus zum Kurhof“, die 1980 auf der restaurierten Stadtmauer am Knieperdamm entstand. Sie wurde 1997 in „Alte Wache“ umbenannt. Und an dem Ort, an dem Eleonora Bettig einst im 19. Jahrhundert ihre Schankwirtschaft eröffnen durfte, betrieb 1989 Erwin Machnitzki seine Gaststätte im sogenannten Bauernstil. Nicht alle Neubelebungen können hier genannt werden. Es waren angesichts der vielen Urlauber in der Saison trotzdem noch zu wenige, obwohl es im Gesamtstadtgebiet Ende der Achtzigerjahre 83 Gaststätten gab. Die problematisch hohe Anzahl der Kneipen in Stralsunds Geschichte gehörte nun endgültig der Vergangenheit an, oder waren 26 Biergaststätten 1988 noch zu viel? Manches hat dann später die Wendezeit nicht lange überdauert. Dafür entstand durch Unternehmergeist Neues, wie zum Beispiel die Bierkneipe „Nr.10. Die Wirtschaft“ in der Tribseer Straße oder der Irish Pub „Ben Gunn“ in der Fährstraße.

Abb. 26 Kellerkneipe: Der Irish-Pub „Ben Gunn“ am Eröffnungsabend

FRÜHER ...

Abb. 27

... wurde oft auch aus Bierkrügen getrunken.

Abb. 28

... wurde das Bier in Holzfässer abgefüllt.

Abb. 29

... wurde aber auch Flaschenbier in Stralsund verkauft. Hier Flaschen mit geprägten Wappenmotiven anfang des 20. Jahrhunderts.

Abb. 30

... konnte man sich bei empfindlichem Magen auch einen mit heißem Wasser gefüllten Bierwärmer ins Glas hängen.

KNEIPEN- BIOGRAFIEN

AN DIESER STELLE SOLLEN NUN ***EINIGE WENIGE KNEIPEN*** ETWAS NÄHER ***VOR-GESTELLT*** WERDEN. DIE STRALSUNDERINNEN UND STRALSUNDER WERDEN SICH ***SICHER ERINNERN*** KÖNNEN ...

„ZUM TURM“
IN DER WASSERSTRASSE 8

In dem Haus befand sich wahrscheinlich schon seit dem 17. Jahrhundert eine Schankwirtschaft. Nachweisbar hatte sich hier seit 1847 ein Destillationsgeschäft mit Tabak- und Zigarrenverkauf etabliert. Ab 1853 war das Geschäft in der Hand von Kaufmann und Ratsherr Wilhelm Zander. Dann ging es an Kaufmann Schulz über, den späteren Besitzer der Volksgartenbrauerei am Katharinenberg. 1879 bekam Louis Herbst die Genehmigung für den Weiterbetrieb der Schankwirtschaft und den Kleinhandel mit geistigen Getränken. 1887 kaufte Carl Schewe das Destillationsgeschäft von Herbst. Als Wirt aus der Fährstraße bekam er nun die Konzession für seine neue Kneipe. Einige Jahre lang machte Georg Schütt für ihn den Ausschank. 1904 kaufte der Weinhändler Ernst Gaedt das Haus, musste seine Konzession für den Ausschank aber erst vor Gericht einklagen. Auch sein Geschäftsführer Bernhard Ehlers, der das Haus 1909 kaufte, musste gegen die Konzessionsversagung klagen. Ehlers hatte ein besonderes Argument, die Schankwirtschaft am Leben zu erhalten. Im Schankraum fand regelmäßig eine Vermittlung von Arbeitern für den Hafen und andere Firmen wie bei einer Börse statt. Sein Umsatz betrug monatlich fast 1000 Reichsmark bei sehr viel Laufkundschaft, was damals eine Menge Geld war. Hafen- und Kornbodenarbeiter verkehrten hier auch in Arbeitskleidung und bekamen Essen. Nach Erhalt der Schankgenehmigung trugen Laden und Wirtschaft den Namen „Firma Carl Schewe Nachf.“. 1920 übernahm Kaufmann Hans Rassmus. Acht Jahre später kaufte Gastwirt Georg Schannwell das Haus und wollte die Speisenversorgung neu gestalten. Der Kaufmann Otto Schweer bekam kurz darauf eine Stellvertretererlaubnis, da sich Schannwell noch um eine andere Kneipe („Schorschels Ausschank“ in der Tribseerstraße 5), eine Spirituosengroßhandlung und eine Likörfabrik kümmern musste, und arbeitete als Buffetier. 1935 wurde er allerdings wegen Diebstahls fristlos entlassen. An seine Stelle trat der frühere Landwirt Albert Gress, der den Posten bis 1941 innehatte. Als in jenem Jahr alle drei Stellvertreter Schannwells zum Heeresdienst eingezogen wurden, beantragte er, deren Ehefrauen als Stellvertreterinnen einzusetzen. Durch zeitweise Mitarbeit waren sie durchaus sach- und fachkundig. So übernahm Maria Schmenkel die Führung der Kneipe in der

Abb. 31 *Die Gastwirtschaft „Zum Turm" neben dem Semlower Tor*

Wasserstraße 8. Genehmigt war das für die Dauer des Krieges. Nach dem Krieg wurde Georg Schannwell als Besitzer mehrerer Unternehmen enteignet. Die Schankwirtschaft wurde nicht weiter betrieben.
Gress, der aus dem Krieg zurückkam, hätte sie gerne übernommen, aber der Kellner Willi Wegner wurde zunächst vorgezogen. Seine vorläufige Konzession war aber nicht von Dauer, da er Sozialversicherungsbeiträge nicht bezahlt hatte. Aber ein besserer Grund wurde vorgeschoben: Er neige zum Trunke und solle erheblich vorbestraft sein. Nachforschungen widerlegten das. Der nächste Vorwurf ließ nicht lange auf sich warten: Er habe keine Grundsteuer gezahlt. Als klargestellt wurde, dass er die Wirtschaftsräume nur gepachtet hatte, kam die Antwort der Behörde, dass es üblich sei, die Grundsteuer vom Pächter einzuziehen. Wegner beschwerte sich beim Wirtschaftsministerium wegen der Einziehung seiner Konzession. Mittlerweile lagen sechs Schankerlaubnisanträge für den „Turm" vor. Die Wiedereröffnung der Wirtschaft war noch nicht entschieden. 1948 geriet Wegner in Verdacht, gestohlene Spirituosen verkauft zu haben. Und dann ging es Schlag auf Schlag. Er hätte in Ribnitz ein SA- und NSDAP-Parteilokal geführt und wäre kürzlich in den Schwarzhandel mit Räucherfisch verwickelt gewesen. Der Wirt leugnete. Nach einem nachgeholten Konzessionsentziehungsverfahren blieb die Kneipe weiter geschlossen. Wegner setzte sich zur Wehr und warf der Behörde Willkür vor, aber das Lokal galt bei der Polizei schon als „eine Zentrale von Elementen, die sich gewerbsmäßig mit Wirtschaftdelikten befassten". Im Frühjahr 1949 gab die Stadt ihre Haltung, die Kneipe nicht wiedereröffnen zu wollen, auf. Der Gastwirt Ernst Jaschok erhielt das Schankrecht und durfte ab 1950 sogar Tanzveranstaltungen durchführen. Dafür hatte er die hinteren Räume umbauen lassen. Bereits 1951 wurde Jaschok aus politischen Gründen verhaftet. Er, wie auch seine Frau Selma, hätten Schwarzhandel mit Zigaretten betrieben. Sie wurde mit einer Geldstrafe belegt, durfte aber als Geschäftsführerin vorläufig die Wirtschaft weiterführen und musste den Antrag auf vorläufige

Stellvertretererlaubnis stellen. 1953 plante die Stadt eine Zusammenlegung der HOG „Zum Turm“ mit der Kneipe im Nachbarhaus. Es sollte ein Seemannsheim entstehen. Die Wirtin in der Wasserstraße 9, die noch privat wirtschaftete, sollte dazu von ihrem Pachtvertrag zurücktreten. Da sie sich weigerte, scheiterte das Vorhaben. 1967 gab es mit der Eröffnung der „Pilsner Bierstuben“ einen deutlichen Wandel. Unter der Leitung von Gerd Deyda und Bertold Preul wurden tschechische Kost und Pilsner Bier, eine Rarität in unserem Getränkesortiment, angeboten. Auf harte Schnäpse verzichtete man. Die Einrichtung war ansprechend aus hellem Holz im Stil böhmischer Bauernmöbel und bot 75 Gästen Platz.

Abb. 32 Die Zeit der „Pilsener Bierstuben“

Eine Besonderheit war die Öffnung morgens um 6.00 Uhr, um - laut Pressemitteilung – vor Abfahrt der Schiffe der Weißen Flotte Reisenden noch eine Stärkung zu ermöglichen. Man darf aber auch nicht außer Acht lassen, dass morgens die Nachtschicht auf der Volkswerft endete. Zeit für ein Frühstück. Etwa acht Jahre lang existierten die Bierstuben. Dann erfolgte eine Neueröffnung als „Schlachteplatte“. Hier gingen die Freunde von Eisbein und Grützwurst essen. Anfang der Neunzigerjahre führte Wolfgang Michallik hier seine Kartoffelgaststätte. Später hatte ein Internetcafe hier sein Domizil, bis das Lokal dann 2009 letztendlich als Bar genutzt wurde. Nach „Papa‘s 511“ mit Zigarren-Lounge und Livemusik etablierte sich nun die Cocktailbar „Hachenberger“, die im gemütlichen Ambiente ihre Gäste verwöhnt.

Abb. 33 Heute: Die Cocktail-Bar „Hachenberger“

„ZUR HANSA“
IN DER LANGENSTRASSE 41

Bis ins 19. Jahrhundert hinein besaßen mehrere Schiffer das Haus. Hermann Mähl scheiterte 1898 mit seinem Konzessionsantrag, obwohl er eine Gastwirtschaft „besseren Ranges“ etablieren wollte, denn da gäbe es einen Mangel. Leider hatte der Schankraum statt der vorgeschriebenen Höhe von 2,80 m nur 2,70 m. Eine Zulassung bekam dann später Gastwirt Gustav Ganger. Seine Kneipe wurde beliebt. Bei ihm verkehrten Handwerker und junge Kaufleute, und in einem zweiten Gastraum saßen die Hafenarbeiter. Es gab Frühstück und Mittagessen. Der Umsatz war entsprechend gut. 1912 verkaufte Ganger 127 Hektoliter Fassbier, dazu 4.160 Flaschen Bier und auch Selterswasser und Limonade. Die Polizei ordnete die Wirtschaft als eine Verbindung von Bier- und Schnapslokal ein. Das Schnapstrinken fand im Eckzimmer statt. 1912 kaufte Gastwirt Carl Hacker das Haus. Als Ganger ahnte, dass dieser keine Konzession bekommen würde, kündigte er an, seine zu behalten und weiterzumachen. Und so kam es. Ein Jahr später musste der Wirt die Wirtschaft wegen Krankheit aufgeben. Bewerber Ludwig Möller bekam die Betriebsgenehmigung trotz Rechtsanwaltsunterstützung nicht. Er hätte in der Wiedenhoffschen Schnapskneipe der Völlerei Vorschub geleistet. Wieder ein Jahr später kam der Handlungsgehilfe Hugo Crazius, gegen den nichts vorlag, aber das fehlende Bedürfnis führte auch bei ihm zu einer Verhandlung. Die Lage der Gastwirtschaft am Hafen war der ausschlaggebende Grund für eine Zuerkennung des Schankrechts. Auch Crazius bekam bald gesundheitliche Probleme. Der neue Interessent Kaufmann Max Zühlke scheiterte wieder an der Bedürfnisfrage und klagte vor Gericht. Sein Anwalt äußerte, dass es auffällig sei, dass die Polizeibehörde gerade diese Wirtschaft so behandele. Es sei immerhin der dritte Prozess um Konzession. Dann verwies er noch einmal auf die Unterschiedlichkeit des Charakters der Hafenkneipen und ihres Publikums. Es blieb bei der Ablehnung. Zühlke konnte am Ende die Gerichtskosten nicht mehr bezahlen und wurde 1915 erst einmal in den Krieg geschickt. Im Januar 1919 versuchte er es wieder. Crazius hatte inzwischen einen Versammlungsraum für Vereine geschaffen, aber er konnte nicht mehr selbst bedienen. Zühlke arbeitete praktisch als Stellvertreter für ihn. Von seiner behördlichen Ablehnung nahm man erst Abstand,

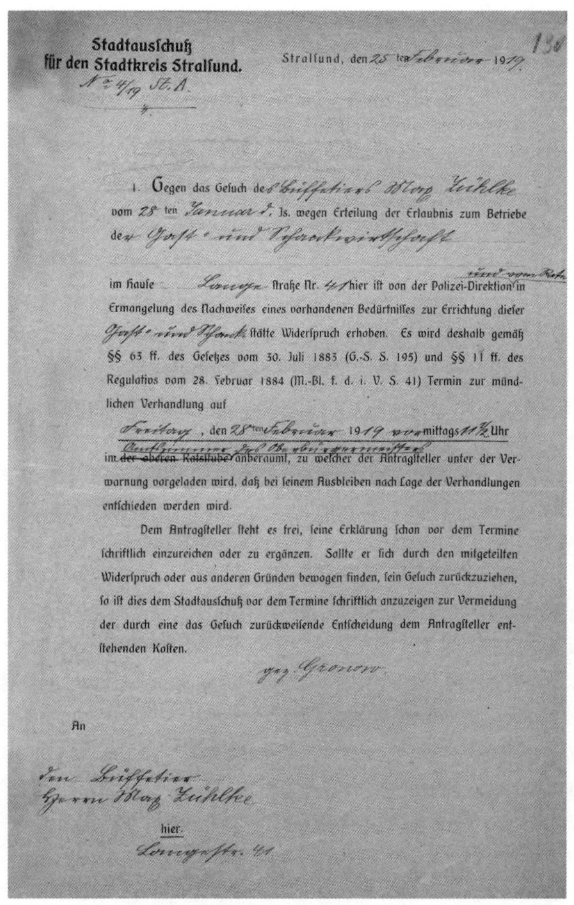

Stadtausschuß
für den Stadtkreis Stralsund.

Stralsund, den 25ten Februar 1919.

No. 4/19 St.A.

1. Gegen das Gesuch des Büffetiers Max Zühlke vom 28ten Januar d. Js. wegen Erteilung der Erlaubnis zum Betriebe der Gast- und Schankwirtschaft

im Hause Lange straße Nr. 41 hier ist von der Polizei-Direktion und vom Rat in Ermangelung des Nachweises eines vorhandenen Bedürfnisses zur Errichtung dieser Gast- und Schank stätte Widerspruch erhoben. Es wird deshalb gemäß §§ 63 ff. des Gesetzes vom 30. Juli 1883 (G.-S. S. 195) und §§ 11 ff. des Regulativs vom 28. Februar 1884 (M.-Bl. f. d. i. V. S. 41) Termin zur mündlichen Verhandlung auf

Freitag, den 28ten Februar 1919 vormittags 11½ Uhr

im ~~der oberen Ratsstube~~ Amtszimmer des Oberbürgermeisters anberaumt, zu welcher der Antragsteller unter der Verwarnung vorgeladen wird, daß bei seinem Ausbleiben nach Lage der Verhandlungen entschieden werden wird.

Dem Antragsteller steht es frei, seine Erklärung schon vor dem Termine schriftlich einzureichen oder zu ergänzen. Sollte er sich durch den mitgeteilten Widerspruch oder aus anderen Gründen bewogen finden, sein Gesuch zurückzuziehen, so ist dies dem Stadtausschuß vor dem Termine schriftlich anzuzeigen zur Vermeidung der durch eine das Gesuch zurückweisende Entscheidung dem Antragsteller entstehenden Kosten.

gez. Gronow.

An

den Büffetier
Herrn Max Zühlke
hier.
Langestr. 41

Abb. 34 Max Zühlkes Konzessionsablehnung 1919

als sein Anwalt bei erneuter Verhandlung hervorhob, dass Zühlke im Krieg dem Vaterland gedient habe.

1920 gab er dann doch auf, und Gastwirt Christoph Krehmke trat an seine Stelle. Der führte die Kneipe zehn Jahre lang, bevor er sie an Gustav Röhl verkaufte. Dessen Genehmigung war an die Erneuerung der Toiletten gebunden. 1932 kaufte Schankwirt Friedrich Klemck das Haus und bekam anstandslos die Konzession. In den letzten Kriegsjahren übernahm seine Frau Frieda (Friedchen) die Wirtschaft. Zum 31. März 1947 meldete Friedrich Klemck das Gewerbe ab und verpachtete die Kneipe an den Kellner Paul Redlin. Zu bewirtschaften waren eine Gaststube und eine Bier- und Frühstücksstube. Im Dezember 1948 hieß es, dass Redlin wegen Krankheit nicht mehr weitermachen wolle. Fakt war, dass er nach der Währungsreform die Pacht nicht mehr bezahlen konnte. Erst später bezahlte er alles ab und suchte sich eine andere Wirtschaft. Dann übernahm Wanda Engellage, eine Tochter der Klemcks, die Schankwirtschaft. Sie hatte schon von 1928 bis 1937 bei ihrem Vater gearbeitet und erhielt nun eine vorläufige Schankgenehmigung für drei Monate. Daraus wurde eine Tätigkeit bis in die Sechzigerjahre hinein. Ihre Nachfolgerin war Erna Oergel. In ihrer Zeit als Wirtin ist wohl unter den Gästen die Bezeichnung „Vier-Titten-Bar" aufgekommen. Das bezog sich auf die beiden offenherzigen Damen der Bedienung. Der Name blieb. Ab 1976 war dann die „Hansa" zehn Jahre lang geschlossen. Im Juni 1986 eröffnete das Berliner Ehepaar Pfitzner die Schankstätte neu und bemühte sich um eine maritime Atmosphäre. Da sie keine Küche hatten, boten sie Knacker und belegte Brötchen an. Als die geplante Republikflucht der Pfitzners aufflog, bot man 1987 der gelernten Kellnerin Hanni Höpner die Kneipe an. Das Haus war inzwischen in sehr schlechtem Zustand, die Wirtschaft jedoch florierte. Immerhin hatte man eine Musikbox. Das war eine Rarität. Im April 1989 wurde die „Hansa" einer der Drehorte für den Film „Rückkehr aus der Wüste". Wegen einer geplanten Sanierung musste Hanni Höpner dann in den „Goldenen Anker" wechseln. Die Kneipenzeiten waren in der „Hansa" vorbei. Mittlerweile ist das Haus instandgesetzt und hat eine andere Nutzung bekommen.

Abb. 35 Die „Hansa" in den Neunzigerjahren

Abb. 36 Der Schriftzug erinnert an die einstige Hafenkneipe

„ZUM GOLDENEN ANKER“
IN DER LANGENSTRASSE 38A

Es ist die Kneipe gegenüber der „Hansa“ gewesen. Das Gebäude wurde Anfang des 19. Jahrhunderts an Stelle eines ärmlichen Hauses, dessen Eigentümer häufig Bierträger waren, gebaut. Der Branntweinbrenner Georg Christoph Liebetreu hatte es in dieser Zeit von seiner Schwiegermutter geerbt und gab es an seinen Schwiegersohn Friedrich Nikolaus Siemund weiter, der ebenfalls als Branntweinbrenner die Ausschankberechtigung hatte. 1820 übernahm sein Sohn Georg Friedrich Brennerei und Ausschank, starb aber bald, so dass das Haus wieder an den Vater fiel. 1834 kaufte es der Schiffer Joachim Franz Böttcher. Dann folgten als Besitzer der Kapitän Burmeister, der Rentier Hoffstedt und der Kapitän Kasten. Anfang der Siebzigerjahre führte Gastwirt Müggenburg die Kneipe. Das Haus gehörte inzwischen dem schon erwähnten Kaufmann und Ratsherrn Wilhelm Zander, der als Rentier letztendlich drei Häuser mit Schankwirtschaft sein Eigen nannte. In den Achtzigerjahren betrieb der Droschkenbesitzer Thees eine Bierstube. Nachdem kurzzeitig ein Bäcker im Haus sein Geschäft geführt hatte, ließ sich Gastwirt Giertz hier nieder, richtete Logierzimmer ein und gab der Kneipe ihren bekannten Namen. Der Hauseigentümer ließ nach 1891 ein Stockwerk aufsetzen und 1894 den Gastraum vergrößern. Nach den Wirten Hermann Krassow und August Grohmann erwarb Albert Last 1912 Wirtschaft und Haus. Die Aufnahme des Schankbetriebs wurde ihm zunächst wegen der Baumängel in den Räumen und fehlenden Bedarfs verweigert. Nach seiner Klage vor dem Stadtausschuss erhielt er dann die Genehmigung. Seine Gäste waren vorwiegend Seeleute und Angehörige des Mittelstands. 1937 bekam Lasts Nachfolger Karl Gess die Genehmigung problemlos. In der Pommerschen Zeitung inserierte er: „Gut gepflegte Getränke. Preiswerte Küche. Fremdenzimmer mit und ohne Pension, Uebernachtung von 1,50 an.“ Nach dem Krieg war das Lokal in einem verwahrlosten Zustand. In den Logierzimmern wohnten Dauermieter, alles eine Folge der letzten Kriegsjahre. Als Gastwirt Heinrich Schluck, dessen bisherige Wirtschaft in der Wasserstraße durch einen Bombentreffer zerstört worden war, 1946 die Konzession erhielt, renovierte er als erstes. Ein Jahr später beantragte er jedoch, den Gastwirtschaftsbetrieb bis März 1948 ruhen zu lassen, da seine Wohnung im Haus nicht beheizbar war.

Abb. 37 Der „Goldene Anker" Anfang der Neunzigerjahre

Kurz darauf gab er aus gesundheitlichen Gründen auf. Gastwirt Robert Ohl pachtete die Wirtschaft und bekam zunächst nur für drei Monate eine vorläufige Schankgenehmigung. Er hatte 1945 bei der Kriminalpolizei gearbeitet und war dann über eine Tätigkeit im Klubhaus „Ernst Thälmann" in die Gastronomie gekommen. Obwohl er dort einmal durch Schnapsausschank an Jugendliche aufgefallen war, durfte er im „Goldenen Anker" arbeiten. Bereits ein Jahr später stellte die Finanzabteilung der Stadt den Antrag auf Schließung der Gastwirtschaft und Entzug der Konzession Ohls. Er hätte seit seiner Eröffnung keine Steuern gezahlt und Mahnungen nicht so ernst genommen, hieß es. Nach der polizeilichen Schließung hatte die Stadt nicht mehr vor, eine neue Konzession zu vergeben. Als sich die Hauseigentümerin Emma Last beim Verwaltungsgericht in Schwerin über die Ablehnung ihres Einspruchs dagegen durch den Rat der Stadt beschwerte, nahm dieser die Entscheidung zurück. Gegen den neuen Bewerber Paul Jänicke lief ein Ermittlungsverfahren des Zolls, er kam also nicht in Frage. Die Konzession bekam Anfang 1950 Karl Höller. Seine Tätigkeit als Wirt endete aber 1957 durch seinen Tod. Seine Ehefrau Erna übernahm nun die Kneipe. Sie hatte während der Krankheit ihres Mannes schon im Ausschank gearbeitet. Nachdem Erna Höller erfolgreich eine Fachkundeprüfung absolviert hatte, erhielt sie die übliche vorläufige Schankgenehmigung. Zur gleichen Zeit wollte Lotte Vogt, eine Tochter der Lasts, ebenfalls die Wirtschaft übernehmen, wurde aber abgelehnt. Erna Höller blieb noch bis in die Siebzigerjahre Inhaberin des „Goldenen Ankers". Nach ihr übernahm Erwin Machnitzki die Gastwirtschaft. Der bauliche Zustand des Hauses verschlechterte sich mit den Jahren.

Machnitzki wechselte Ende der Achtzigerjahre in „Brügmanns Schankwirtschaft" am Neuen Markt. Der „Goldene Anker" stand leer und sollte abgerissen werden. Dann wurde er aber der Familie Höpner von der „Hansa"

Abb. 38 Das Haus des „Goldenen Ankers" 2022

Abb. 39 Seit 1996 auf der Hafeninsel: Der neue „Goldene Anker"

als Ausweichquartier für die Zeit der Sanierung ihrer bisherigen Kneipe angeboten. Sie überstrich die Schadstellen mit Farbe und nahm die Wirtschaft in Betrieb. Als 1996 der Hausbesitzer der Wirtin wegen Eigenbedarfs kündigte, bekam Hanni Höpner die Möglichkeit, den neuen „Goldenen Anker" auf der Hafeninsel einzurichten. Das Haus Langenstraße 38a stand wieder leer, wurde aber 2009 saniert und wird heute als Pension genutzt.

„ZUR FÄHRE"
IN DER FÄHRSTRASSE 17

In einer Reihe von Kneipenbiografien darf natürlich die älteste Hafenkneipe Europas nicht fehlen. Dieser Titel ist das Ergebnis von Auskünften des Unternehmens Guinness World Records Ltd. und Recherchen des Norddeutschen Rundfunks. Schriftlich erwähnt wurde die „taberna opud passagium" erstmals 1332. Nach den schon erwähnten Wirtinnen Theyba und Mette betätigten sich im Laufe der Zeit die Schiffer Peter Halesten, Claus Möller, Tieges Kniephoff, Claus Storm und Claus Kniephoff als Krüger. Storm bekam 1657 eine Anzeige von den Verwaltern des benachbarten städtischen Kornhauses im Fährtor, als Zeugen meldeten, dass er illegal einen Raum im

Keller des Kornhauses hatte ausbauen lassen und diesen wohl als zusätzlichen Gastraum nutzte. Er strebte noch vor der Verhandlung eine Einigung mit den Verwaltern an, was das Gericht dann milde stimmte. Vom Beschuss der Stadt 1678 durch den Kurfürst von Brandenburg und den großen Brand zwei Jahre später war die Kneipe nicht betroffen. Pech hatte der Kneipeneigentümer Hans König, der zwar noch aus einer Seehavarie gerettet wurde, aber ein Jahr später an der Pest starb. Sein Steuermann Peter Steffen übernahm das Haus und heiratete Königs Witwe. Dann folgten die Segelmacher Joachim Gäthke und Niclas Gräving als Haus- und Kneipeneigentümer. Zu Grävings Zeit richtete die Explosion eines nahegelegenen Pulverschuppens einige Beschädigungen an. 1771 kaufte der Schiffer, Kaufmann und spätere Tabakfabrikant Johann Martin Fock das Haus und betrieb darin einen Material- und Kolonialwarenhandel mit Schankkonsens. Das bedeutete, dass neben dem Verkauf diverser Waren der Ausschank von Spirituosen genehmigt war. Noch weitere fünf Kaufleute standen in der Nachfolge Focks. Erst Carl Anton Hodorff gelang es in den Siebzigerjahren des 19. Jahrhunderts mit Hilfe eines Anwalts die Konzession für eine Schankwirtschaft zu bekommen. Für den ebenfalls schon erwähnten Wilhelm Theodor Zander wurde es 1892 die dritte Kneipe in seinem Besitz. Nur konnte er sie durch seinen Tod nach einem Jahr nicht mehr gewinnbringend nutzen. Nun übernahm der Bierverleger, Schankwirt und Destillateur Carl Johann Glawe aus der Mühlenstraße die Wirtschaft. 59 Jahre lang blieb sie in den Händen seiner Familie. Alwine Glawe musste sich nach dem Tod ihres Mannes noch um die Pommersche Likörfabrik und den Bierverlag kümmern und übergab den Schankbetrieb 1913 ihrem Sohn Otto. Der hatte den Ersten Weltkrieg mit der damit verbundenen Mangelwirtschaft und zwei Wirtschaftskrisen mit gewaltigen Inflationen zu überstehen. 1943 wurde er zum Wachdienst bei der Luftschutzpolizei ein-

Abb. 40 Die „Fähre“ und ihr Umfeld nach dem Bombenangriff 1944

gezogen. Zwei Anträge auf frühere Schließung der Kneipe wegen der Überlastung seiner fast sechzig Jahre alten Frau wurden abgelehnt. Durch den amerikanischen Bombenangriff im Herbst 1944 auf den Hafen und Teile der Altstadt war dann der Weiterbetrieb der Kneipe gefährdet. Aber wie durch ein Wunder war das Haus stehengeblieben, während rundherum ein Ruinenfeld entstanden war. Glawe beendete seine Tätigkeit, konnte jedoch seinem Untermieter, dem Schankwirt Albert Milatz die Wirtschaft verpachten. Der konnte später das Haus kaufen und führte die Kneipe noch bis 1960. Dann erbte sie sein Sohn Werner. In den Fünfziger- und Sechzigerjahren war monatlich der Stralsunder Segelverein zu Gast. Werner Milatz blieb 22 Jahre lang Schankwirt im Haus, bis er an den Kraftfahrer Dieter Dettmann und seine Frau Sigrid verkaufte. Die Dettmanns hatten viel in die Renovierung des Gebäudes und der Schankräume investiert. Als Dieter Dettmann dann 1999 starb, verkaufte seine Frau das Haus an die Schankwirtin Hanni Höpner, die hier die letzte Station ihres Schank-

Abb. 41 Schankwirt Werner Milatz in gemütlicher Runde

Abb. 42 Mitbringsel von Gästen im vorderen Raum

Abb. 43 Die „Fähre" 2019

wirtinnendaseins begann. Die Kneipe bekam durch Umbauarbeiten und Mitbringsel von Gästen ihr heutiges Gepräge und war immer gut besucht.

Nach 22 Jahren „Fährausschank“ gab Hanni Höpner die alte Kneipe an ihre Tochter Franziska (Fränzi) Höpner weiter, die nun dabei ist, mit eigener Note das Anliegen ihrer Mutter weiterzuverfolgen, nämlich einen Ort zu erhalten, an dem sich Menschen begegnen und kennenlernen.

„ZUM REICHSADLER“ GORZNYS GASTSTÄTTE

IN DER FRANKENSTRASSE 31

Das Haus wurde im frühen 19. Jahrhundert umgebaut. Seit 1799 war es etwa einhundert Jahre lang im Besitz von Kaufleuten. Dann durfte der Kaufmann Wilhelm Strübing auch Schankwirtschaft betreiben. Er hatte das Grundstück als Bierhändler erworben, brachte seinen Bierlagerkeller hier unter und wollte neben einem Speiseangebot Bier von Mahn & Ohlerich aus Rostock ausschenken. Vor Erhalt seiner Konzession musste er die bekannte Prozedur durchmachen: Keine Anerkennung des Bedürfnisses – Sitzung des Stadtausschusses – wieder Ablehnung – Einschaltung eines Anwalts – mündliche Verhandlung. Der Garten am Grundstück gab den entscheidenden Ausschlag für die Genehmigung. 1909 wollte Strübing seine Schankwirtskonzession auf eine Gastwirtskonzession erweitert haben, denn er hatte vor, Logierzimmer einzurichten. Nach der Ablehnung legte sein Rechtsanwalt Berufung ein und führte das Argument an, dass Reisende des Mittelstands keine angemessene Unterkunft zu einem vernünftigen Preis in Stralsund fänden. Strübing wollte ein „besseres“ Gasthaus mit Preisen etablieren, die unter denen der Hotels lagen. Aber die Polizeidirektion und der Stadtausschuss wiesen die Berufung ab. 1910 übernahm der Schankwirt und ehemalige Leiter der Stralsunder Feuerwehr Ignaz Gorzny die Wirtschaft und stellte den gleichen Antrag wie sein Vorgänger. Er erklärte den Behörden, dass der Gästeverkehr in der Altstadt sich entwickelt hätte, vor allem Katholiken, die die nahe Kirche besuchten, kehrten bei ihm ein. Bei Übernachtungen wünschten die Gäste kein Hotel. Auf der Suche nach günstiger Unterkunft landeten die meisten wieder auf dem Bahnhof.

Abb. 44 *Gaststätte Gorzny 1968*

Abb. 45 *Im Gastraum bei Gorzny*

Gegen die Ablehnung klagte Gorzny. Als sein Anwalt Beispiele für fehlende Übernachtungsmöglichkeiten für Leute mit geringen finanziellen Mitteln vorstellte, ließ die Polizei im Anschluss 17 Gastwirte befragen, ob ihre Wirtschaften überfüllt seien. Alle erklärten, dass immer Betten frei seien. Nach eineinhalb Jahren stellte Gorzny den gleichen Antrag mit den gleichen Argumenten erneut. Auch diesmal hatte er damit keinen Erfolg. Aber wieder waren 600 Reichsmark Gerichtsgebühren fällig. Erst 1914 erhielt der Wirt die Genehmigung für eine Gastwirtschaft und viel später, nämlich 1927, durfte er vier Logierzimmer anbieten, die er 1920 ausgebaut hatte. In der Frankenstraße gab es nur den „Baltischen Hof" und das „Fürst Blücher" mit Übernachtungsmöglichkeit. Nach dem Tod Ignaz Gorznys übernahm seine Witwe Helena Gorzny 1941 kurzzeitig die Gastwirtschaft, bevor auch sie starb. Sie hinterließ acht Erben. Das Grundstück sollte Hans Gorzny bekommen, der aber in die Wehrmacht eingezogen worden war. Vorübergehend ging die Pacht an Margarete Gorzny, die für die Dauer des Krieges eine Stellvertretererlaubnis erhielt. Im Juli 1945 wurde sie bestraft, weil sie den Höchstpreis für Bier überschritten hatte. Sie durfte aber ihre Konzession behalten, die sie dann trotz der Vereinbarung noch bis in die Fünfzigerjahre behielt.

Im August 1951 erschien die Gewerbepolizei und forderte den Abbau des Wirtshausschildes mit der Aufschrift „Reichsadler" innerhalb von zehn

Minuten. Auch die Embleme mit dem Adler an den Seitenwänden des Eingangs sollten verschwinden. Margarete Gorzny kam der Aufforderung nach, fragte aber beim Oberbürgermeister an, ob hier eine Übereifrigkeit vorgelegen hätte. Sie merkte an, dass sich die Entfernung des Schildes schädlich für das Geschäft auswirke und wollte eine Rückbenennung erreichen. Sollte der Name wirklich nicht gewollt sein, bat sie um die Akzeptierung der Bezeichnung „Seeadler". Die Gewerbeaufsicht gab Auskunft. „Reichsadler" sei die Versinnbildlichung vergangener Zeiten. Das Schild hätte die Wirtin auch ohne Aufforderung beseitigen müssen. Gegen „Seeadler" hatte man natürlich nichts einzuwenden. Ende der Fünfzigerjahre wollte Margarete Gorzny aus gesundheitlichen Gründen die Wirtschaft abgeben. Sie nahm Kontakt zu ihrem Bruder Paul in Krefeld auf, der dann mit seiner Frau nach Stralsund übersiedelte. Paul Gorzny stellte bei den Behörden den Antrag, die Gastwirtschaft mit staatlicher Beteiligung weiterzuführen. Bis zur Entscheidung arbeitete er beim Kreisbetrieb HO-Gaststätten. Im Oktober 1959 erhielt er die Gewerbeerlaubnis mit der Auflage, die Wirtschaft innen und außen zu renovieren. Nebenbei bildete er sich in Sachen Gastronomie fort. Die Gaststätte Gorzny wurde 1984 endgültig geschlossen.

Abb. 46 Zwei Kacheln der Stralsunder Brauerei erinnern heute an die Gastwirtschaft

„ZUR KOGGE"
IN DER TRIBSEER STRASSE 26

Das Haus hatte Ende des 18. Jahrhunderts einigen wohlhabenden Männern gehört. Ab 1828 wurde es Militair-Oekonomie-Gebäude und beherbergte Garnisonsinspektoren und das Königliche Proviantamt. Nachdem die

Stadt als letzte Eigentümerin Ende des 19. Jahrhunderts das Haus geräumt hatte, wurde es zunächst privat vermietet. Der Pferdehändler und Gutspächter Murswick erwarb es. Erst 1910 begann hier eine Gasthausgeschichte. Der Kaufmann Hermann Schurich hatte im Jahr davor das Haus erworben und wollte eine Likörfabrik verbunden mit einer Weinhandlung samt Probierstube einrichten. Er baute die Erdgeschossräume dementsprechend um. Der Kornbranntwein „Stralsunder“ sollte nur in versiegelten Flaschen verkauft werden. Das fiel unter Kleinhandel mit geistigen Getränken. Natürlich hatte die Stadtverwaltung ihre Probleme mit dem Kleinausschank, aber auch eine Weinstube wollte sie hier nicht haben. 1912 begann Schurich seine Idee dennoch umsetzen. 1925 wünschte er eine Konzessionserweiterung auf Bierausschank. In einem Raum wollte er eine Stehbierhalle betreiben, was ihm auch genehmigt wurde. Da Hermann Schurig sich nicht um alle Geschäftszweige persönlich kümmern wollte, ließ er sich von Stellvertretern in der Bierwirtschaft vertreten. Nach Rudolf Tiedt, Hermann Peters und Karl Kasten übernahm 1932 Waldemar Schött diese Aufgabe. Die Behörden sahen jedoch zu große Kompetenzen bei diesem Mann. Die Geschäftsbeziehungen zwischen ihm und seinem Chef waren recht unklar. So wurde deshalb von Schött gefordert, einen eigenen Konzessionsantrag zu stellen. Die Auseinandersetzung darum zog sich lange hin. Schurig wurde das Recht aberkannt, sich von Schött vertreten zu lassen. Man warf ihm verschleierte Pacht vor. Erst 1937 erklärte Schött, das Bierlokal pachten zu wollen und beantragte die Konzession. Der andere Teil erhielt die Bezeichnung „Weinstuben zur Kogge“. 1939 übergab Hermann Schurig die Stehbierhalle an den bisherigen Oberkellner Walter Domröse zur Pacht. Der beantragte die Konzession und musste dann erst einmal in den Krieg. Seine Frau Marta durfte ihn bis zur Rückkehr vertreten. Schwierig wurde es für sie, als sie 1943 in Erwartung eines Kindes nur noch zeitweise arbeitsfähig war. Bald sollte ihr Mann zurückkehren, der die Wirtschaft noch viele Jahre lang führte. Nachdem Hermann Schurig 1945 gestorben war, gelangten Haus und

Abb. 47 Inserat in der Stralsundischen Zeitung zur Eröffnung

Abb. 48 Gastraum der „Kogge“ mit dem 1925 eingebauten Kamin

Gastwirtschaft in Besitz von Wolfgang Schurig. Die bisherige Mamsell in der „Kogge“ Dora Wewetzer bekam eine vorläufige Konzession. Das Lokal sollte mit Mittagstisch weiterbetrieben werden. Einmal waren Frau Wewetzer und die Existenz der Weinstube in Gefahr. Weil sie angeblich gestohlenes Geflügel gekauft hatte, wurde sie zu zwei Jahren Zuchthaus verurteilt. Das Urteil wurde aber aufgehoben. Nach vier Monaten erhielt sie ihre endgültige Konzession, mit der sie noch die weiteren Jahre die Gastwirtschaft führen konnte. Der „Nixenkeller“ trug außerdem zur Belebung des Stralsunder Nachtlebens bei. Später wurde die „Kogge“ von der HO als Fischgaststätte geführt. Sie bot auch Schulspeisung für die benachbarte Ernst-Moritz-Arndt-Schule an. Die Orientierung auf Fischgerichte hat die Gaststätte bis heute beibehalten.

Abb. 49 Der Aushänger läd ein

Abb. 50 Die Gastwirtschaft 1990 vor dem Umbau

„ZUM RICHTENBERGER“
IN DER OSSENREYER STRASSE 49

Einen ersten Hinweis auf Schanktätigkeit gibt es 1813 für das Haus. Da hatte sich der Branntweinbrenner Johann Friedrich Berg hier niedergelassen. Sein Nachfolger Friedrich Berg betrieb eine Getreide-Dampf-Brennerei und eine Sprit- und Likörfabrik. Auch in den nächsten Jahrzehnten blieben Brennerei und Ausschank in der Hand der Familie Berg. Man sprach noch lange von der Bergschen Schnapskneipe. Im Mai 1904 erhielt der Kaufmann Ernst Wiedenhoff die Genehmigung für einen Kleinhandel mit alkoholischen Getränken und Ausschank. Neun Jahre später begann eine lange Auseinandersetzung des Eigentümers mit den Behörden. Der Bezirksausschuss hatte einen Konzessionsentzug beschlossen, denn die Kneipe war zum Ärgernis geworden. Es hieß, das Schankpersonal hätte übermäßigen Alkoholgenuss der Gäste begünstigt, indem es betrunkene und lärmende Männer noch zum Weitertrinken animiert hätte. Dazu kamen die Vorwürfe der Überschreitung der Polizeistunde, der Verabreichung von Branntwein auf Kredit und der Verpfändung von Gegenständen. In der Polizeidirektion sprach man von der „schlimmsten Destille in ganz Stralsund“. Das Königlich-preußische Oberlandesgericht bestätigte nach einer Verhandlung den Konzessionsentzug, da Wiedenhoff zur Ausübung seiner Tätigkeit nicht geeignet sei. Er habe es an Aufsicht über sein Lokal und seine Stellvertreter fehlen lassen. Man stellte auch fest, dass „die Schließung dieser Stätte in Stralsund mit großer Genugtuung begrüßt“ worden sei. Das dürften die hemmungslosen Zecher anders gesehen haben. Wiedenhoff bat darum, wenigstens den Kleinhandel weiterbetreiben zu dürfen. Die Kneipe wollte er zum

Abb. 51 Bauzeichnung zum Konzessionsantrag

Abb. 52 Die Likörstube

Laden umbauen lassen. Das wurde abgelehnt. In einem Rechtsstreit noch bis 1919 bemühte sich sein Anwalt immer wieder, seinen Mandanten in bestem Licht erscheinen zu lassen. Außerdem habe dieser für seine Niederlassung in Richtenberg die Konzession des Landrats erhalten. Da könne Stralsund sich doch nicht weigern. 1920 pachtete der Italiener Lino Cero die ehemalige Wirtschaft und kündigte an, eine Eiskonditorei einrichten zu wollen. Zögernd bewilligten die Behörden den Antrag, vermuteten sie doch, dass Cero nur vorgeschoben war, um im Haus wieder eine gastronomische Nutzung zu etablieren. Der Umstand, dass Wiedenhoffs Anwalt noch im selben Jahr einen Antrag auf Einrichtung einer Likörstube einreichte, schien diese Vermutung zu bestätigen. Wiedenhoff ließ eine vornehme Ausstattung des Lokals und bestes Publikum ankündigen. Er wolle selbst im Haus wohnen und alles kontrollieren. Erst nach einer mündlichen Verhandlung wurde die Konzession dafür im Januar 1921 erteilt. Das Lokal „Zum Richtenberger" war geboren. Für den Italiener sollte eine Lösung gefunden werden. 1927 wurde das Lokal vom Hotelbesitzer Karl Schulze gekauft, der im Folgejahr mit dem Betrieb scheiterte. Also machte Wiedenhoff weiter. Die Brüder Ewald und Otto Runge kauften den „Richtenberger" 1930, aber auch sie konnten die Gastwirtschaft nicht halten, da sie Mietschulden hatten. 1932 erfolgte die Zwangsräumung. Unter Wiedenhoffs Leitung entwickelte sich die Wirtschaft zu einer Art Nachtlokal, das zwischen 1.00 und 3.00 Uhr morgens am besten besucht

Abb. 53 *„Zum Richtenberger" 1973*

war. 1949 geriet die Gastwirtschaft in Konkurs. Die Konkursverwalter über das Wiedenhoffsche Vermögen schlossen mit der Serviererin Ottilie Roggow einen Vertrag über den Kauf des Inventars ab und legten einen Pachtzins von monatlich 350,- DM fest. Doch Roggow zog kurz darauf ihren Konzessionsantrag zurück. Ernst Wiedenhoff blieb Wirt in dem Lokal, sein Konkursverfahren wurde 1951 aufgehoben. Dennoch wurde 1952 ein erneuter Entzug der Schankerlaubnis gefordert. Bald darauf erfolgte die Übernahme des Lokals durch die HO. Eine neue Nutzung erhielt der „Richtenberger" 1969 mit der Eröffnung des „Störtebeker-Kellers", der zweiten Nachtbar Stralsunds. Zwei Jahre später entstand darüber im ehemaligen Gastraum die Fischgaststätte „Gastmahl des Meeres" und daneben eine Tagesbar, Bierpub genannt. 1994 wurde das Haus abgerissen und an dieser Stelle die heutige Ost-West-Passage gebaut.

„GASTSTÄTTE SCHRÖDER"
IN DER WASSERSTRASSE 37

Das Haus erwarb der Branntweinbrenner Jacob Gottfried Bartels 1783 von Johann Nicolas Hecht. Schon Bartels betrieb Schankwirtschaft. Erst 1830 ging die Konzession an Johann Joachim Gütschow, nachdem der Beschluss dazu zunächst noch ausgesetzt worden war. Vier Jahre später betrieb Friedrich Detloff Scheel, ein Müllergeselle, Brennerei und Ausschank. In der Nachbarschaft befand sich die Kuckucksmühle. Nach zwei Jahren war Gütschow wieder Schankwirt. Mitte der Dreißigerjahre bis Ende der Siebzigerjahre des 19. Jahrhunderts standen die Wirte Ludwig Ohm, F. Bernstein und Carl Hückstedt jeweils für einige Jahre hinter dem Tresen. 1898 begann die Zeit der Familie Ohlberg. Hermann Ohlberg führte die Wirtschaft bis Anfang der

Zwanzigerjahre. Zu seinen Gästen gehörten Landleute, die in Stralsund zum Markt kamen, und Angehörige des Militärs. Zur Frankenkaserne war es nicht weit. 1923 übernahm Bernhard Ohlberg, der eigentlich Barbier war und im Haus wohnte, den Betrieb. 1937 reichte Ohlberg bei den Behörden einen Antrag zur Erweiterung der Schankwirtschaft durch einen zusätzlichen Raum, der im hinteren Teil des Hauses lag, ein. Der Umbau wurde genehmigt, denn das „Bedürfnis war nicht zweifelhaft". Der Raum wurde als Vereinszimmer genutzt. Bald darauf erkrankte Bernhard Ohlberg schwer und verstarb schließlich 1941. Seine Witwe Margarete Ohlberg, die schon jahrelang mitgearbeitet hatte, bekam die Konzession übertragen. Es war eine schwierige Zeit, denn ein Biermangel zwang die Wirte, ihre Schankstätten an den Sonntagnachmittagen geschlossen zu halten, was eigentlich nicht erlaubt war. Frau Ohlberg, die einen Antrag an die Polizei gestellt hatte, erhielt eine Genehmigung dafür. Einige Monate vor Kriegsende durfte sie aus gesundheitlichen Gründen die Kneipe für vier Wochen schließen. Anfang der Fünfzigerjahre gab es wieder einen geregelten Gaststättenbetrieb. 1962 endete die Ära der Ohlbergs. Heinz Schröder wurde der neue Schankwirt in der traditionsreichen Kneipe, unterstützt von seiner Frau Ursula. Zu den Stammgästen zählten Werftarbeiter, Segler und natürlich Anwohner der Gegend. Sohn Heiko wuchs schon früh in das Kneipenunternehmen hinein. Er arbeitete zunächst auf der Werft, bevor er sich 1990 entschloss, seine ganze Kraft der Kneipe zu widmen, die er fortan als Ein-Mann-Betrieb führte. Heiko Schröder legte viel Wert auf eine traditionelle Kneipenkultur, was seine Stammgäste zu schätzen wussten. Sie schwärmten von dem weit über 100 Jahre alten Tresen, von der Gaslampe, die der Wirt manchmal anzündete, und von dem Kachelofen, der in der kalten Jahreszeit die Kneipe gemütlich machte.

Leider war der Weiterbetrieb dieser Schankwirtschaft Ende 2023 nicht mehr möglich, was die Stammgäste natürlich bedauerten.

Abb. 54 Schröders Schankwirtschaft 2023

Da waren auch noch...

Abb. 55 „ Heidmanns Gaststätte“
in der Langenstraße

Abb. 56 Das Gasthaus „Zum Steuermann“ in der Langenstraße, heute das Restaurant „Schipperhus“

Abb. 57 Innenansichten von „Sepke's Bierstuben“
in der Böttcherstraße

Abb. 58 „Wothkes Probierstuben“
in der Heilgeiststraße

WAS SONST NOCH PASSIERTE

Wie eingangs schon erwähnt, begegnen sich in Kneipen Stammgäste, Ortsansässige und Fremde. So unterschiedlich wie ihre Herkunft sind auch die Charaktere und Gewohnheiten. Die Gründe, die zum Besuch der Kneipe führen, können ebenfalls vielfältig sein. Im einfachsten Fall ist es das Bedürfnis, den Bierdurst zu löschen. Mancher will für ein paar Stunden Sorgen oder Ärger vergessen, mancher sucht Unterhaltung und möchte andere Menschen kennenlernen. Mancher möchte still genießen, mancher möchte gerne im Mittelpunkt stehen. Der Alkohol verzaubert sie mehr oder weniger alle. So ist es wohl nicht verwunderlich, dass oftmals Situationen entstehen, die eine gewisse Komik haben. Das sollen die folgenden Begebenheiten in Stralsunder Kneipen zeigen.

In der Kneipe „Zur Hansa“ war viel Betrieb. Innen waren alle Plätze besetzt. Viele Männer standen vor der Tür, reichten Geld durch und ließen sich ihr Bier herausreichen. Die Wirtin hatte alle Hände voll zu tun. Wurden die Gläser knapp, rief sie: „Ich brauch‘ Gläser!“ Die geleerten Gläser wurden sofort zum Tresen gegeben. Der eine oder andere Gast half auch mal beim Spülen. Die Bierbereitstellung sollte eben zügig geschehen. In diesem Trubel stand häufig Elke, immer genau vor dem Tresen, trank ihr Bier und lächelte still vor sich hin. Irgendwann bezahlte sie und ging. Nur etwas stimmte nicht. Die Wirtin wunderte sich immer öfter. Elke hatte ihre zwei Bier bezahlt und ging angedröhnt nach Hause. Hatte sie etwa vorher schon...? Als die Wirtin diesen Gedanken einmal neben den Männern äußerte, sagten einige nur: „Dreh dich mal um, wenn du das Bier vom Tresen an die Tische bringst!“ Genau das tat sie beim nächsten Besuch Elkes. Beim Verlassen des Tresens sah sie noch einmal zurück. Elke griff nach den vorgezapften Bieren, die auf dem Tropfblech standen, und trank. Das war also der Grund. Fortan wurde es Elke nicht mehr so leicht gemacht, aber strenge Konsequenzen hatte sie nicht zu fürchten. „Sie war eine liebenswerte Frau, aber sie hatte ein Problem“, meinte die Wirtin.

Werni war ein älterer Herr, ein Stammgast, ein Biertrinker. Das heißt, Schnäpse waren nicht sein Ding. Eines Tages hatte die Wirtin die erste Lieferung des „Fährwassers“ erhalten, ein Kümmel, der speziell in Lieschow auf Rügen für die Kneipe „Zur Fähre“ gebrannt wird. Nun bot sie stolz ihrem Stammgast ein Gläschen davon an. Werni wusste die Ehre zu schätzen und kippte den Kümmel hinunter. Nach wenigen Minuten verschwand er eilig auf die Toilette. Wieder zurück, informierte er die Wirtin, dass er sich nicht ganz zielsicher übergeben hatte. „Macht nichts“, meinte diese, „ich mach‘ das gleich sauber.“ Einige Zeit später betraten weitere Gäste die „Fähre“. Auch ihnen wurde das neue Produkt vorgestellt, und sie waren sich einig, den Kümmel zu probieren. In dem Moment straffte sich Werni und rief durch den Schankraum: „Trinken Sie den bloß nicht, ich hab‘ danach gekotzt!“ Aber seine Warnung wurde nicht ernst genommen. Die Gäste ließen sich einschenken und waren zufrieden.

Vor den Kneipeneingang der „Fähre" hatte die Wirtin einen Aufsteller aus Presspappe gestellt, der einen Seemann darstellte. Er sollte in die Hafenkneipe einladen und bekam den Namen Paul. Eines Morgens war Paul weg. Gestohlen. Aber er wurde wiedergebracht. Paul verschwand noch ein zweites Mal, und auch diesmal brachten ihn die „Ausleiher" zurück. Beim dritten Verschwinden gab es kein Wiedersehen mit Paul. Die Wirtin stellte nun ein Schild mit den folgereichen Worten „Paul vermisst" vor die Tür. Kurz darauf die Frage eines Kellners: „Ist die Katze weg?" Das war der Beginn einer gutgemeinten Hilfsaktion. Viele suchten, ohne zu wissen, wer gesucht wurde. So kam zum Beispiel eine Frau mit ihrem Mann in die Kneipe und sprach die Wirtin an: „Das ist Paul. Suchen Sie den?" Als Segler, die die „Fähre" besucht hatten, von der Ostsee-Zeitung über ihren Stralsundbesuch befragt wurden, brachen sie nach kurzer Zeit das Interview mit den Worten ab: „Wir müssen jetzt los! Paul suchen!" Die Anteilnahme der Menschen nahm Überhand. Da nahm die Wirtin das Schild wieder herein.

Als der englische Geschäftsmann, der zum ersten Mal Stralsund besuchte, sich in seinem Hotelzimmer einrichtete, ahnte er noch nicht, dass der Abend für ihn anders als geplant verlaufen sollte. Frisch gemacht, bestellte er sich ein Taxi und beauftragte den Fahrer, ihn zu einem Puff zu fahren. Ob es nun aus Unkenntnis oder Verwirrung geschah, der Fahrer überlegte kurz und setzte seinen Fahrgast vor der Hafenkneipe „Zur Fähre" ab. Da saß der Engländer nun eine Weile am Tresen, trank ein Bier und wunderte sich wohl, dass keine entsprechenden Damen in Reichweite waren. Dafür kam er mit einem Stammgast, der sich neben ihn setzte, ins Gepräch. Man unterhielt sich über Stralsunder Bier und englisches Ale, über den Brexit, über Mode und natürlich auch über Fußball. So verging die Zeit. Der Stammgast hatte inzwischen das Vertrauen des Manns von der Insel gewonnen, man verstand sich. Deshalb rückte er nun mit dem wahren Ziel seines Abends heraus. „Ich habe da eine Adresse", sagte der Stammgast, „willst du noch losgehen?" Der Geschäftsmann brauchte nicht lange zu überlegen. „Nein", sagte er in seinem guten Deutsch, „es ist doch schön hier." Er bestellte die nächste Runde, und es gab neue Gesprächsthemen.

Der Feierabendbetrieb hatte eingesetzt. Eine Gruppe Taxifahrer hatte im „Goldenen Anker“ in der Nähe der Musikbox Platz genommen. Irgendwann betrat Waltraut den Gastraum. Sie legte erst einmal einen Strauß Blumen ab und jammerte dann los, man habe ihr das Portemonnaie gestohlen. Na, dachte die Wirtin, und wie willst du bezahlen? Als die Taxifahrer Waltraut beim Namen riefen, schien das nicht mehr das Problem zu sein. Sie fragte, ob Waltraut ein Bier wolle, aber die bestellte lieber einen Schnaps. Dann ließ sie sich von einem der Taxifahrer eine Mark geben und schlenderte zur Musikbox. Dort beugte sie sich beim Geldeinwurf weit über das Gerät und wackelte mit dem Hintern. Prompt kam die Aufforderung aus dem Hintergrund: „Heb‘ doch mal den Rock hoch!“ Waltraut ließ sich nicht lange bitten und präsentierte der Runde ihren bunten Baumwollschlüpfer, der eine Nummer zu groß war. Die Rufer wollten nun mehr. Der Wirtin ging nur noch durch den Kopf, die wird doch wohl nicht strippen wollen?! Da verteilte Waltraut ihre Wäsche auch schon in alle Richtungen. Zum Einschreiten war es zu spät. Als alle ihren Spaß gehabt hatten, sammelte die Wirtin die Kleidungsstücke ein, warf sie vor die Tür und verwies Waltraut der Kneipe. Die guckte nach schnellem Anziehen noch von draußen durchs Fenster, worauf die Taxifahrer sie noch einmal animierten. Waltraut kam wieder herein. Wutentbrannt schnappte sie sich ihren Blumenstrauß und rief: „Mich hat man noch nie rausgeschmissen!“ Dann ging sie ohne Aufforderung. Nun tat der Wirtin ihre Reaktion auch wieder leid. Immerhin konnte Waltraut eine ganze Kneipe in Stimmung bringen.

Viele ältere Stralsunderinnen und Stralsunder können sich noch an den Segelmacher Julius Guldbrandt erinnern. Wenn sie über ihn sprechen, kann man so einige Geschichten über Erlebnisse mit ihm hören, die nicht alltäglich waren. Jule war in den verschiedenen Hafenkneipen zu Hause, insbesondere aber in der „Fähre“, wo er über 50 Jahre lang Stammgast war. Das ergab sich aus seinem Lebensumfeld. Um die Ecke lag seine Werkstatt und schräg gegenüber in der Fährstraße der Laden mit Seglerbedarf, den er mit seiner Frau betrieb. Nach Feierabend erzählte er beim Bier in der Kneipe gerne Geschichten aus seinem Leben, von seinen jungen

Jahren als Seemann auf der Amerikaroute, von „Neff York", wo er eine Zeit lang seinem Onkel half, und von Seglerabenteuern. Seine Frau hatte während dessen den Laden abgeschlossen und bereitete zu Hause das Abendessen vor. Aber wenn man so in geselliger Runde sitzt und erzählt, kann man schon mal die Zeit vergessen. Das hatte aber eines Abends Folgen. Jule war wieder spät dran. Plötzlich flog die Kneipentür auf und seine Frau stürmte herein, eine Pfanne mit Bratkartoffeln in der Hand. „So", rief sie, „wenn du nicht zum Essen kommst, kommt das Essen zu dir!" Knallte die Pfanne auf den Tisch und verschwand. Nach einigen Schrecksekunden in der Runde machte sich aber schnell große Heiterkeit breit. Jule blieb ruhig. Er ließ sich Besteck geben und verspeiste seine Bratkartoffeln. Einigen der Männer ging bestimmt durch den Kopf, ob auch ihre Frauen zu solch einer Aktion fähig wären. Aber man musste es ja nicht darauf ankommen lassen.

Ein Abend in der Kneipe kann sich hinziehen. In der Regel steigt dann mit dem Alkoholpegel die Stimmung. Das hat irgendwann für einige Gäste die Folge, dass für sie die sympathischen Frauen der Bedienung immer hübscher werden. Die Männer scherzen, flirten und suchen mitunter die körperliche Nähe, was das konzentrierte Arbeiten dann schwierig macht. Nun fragen sich die Frauen, wie sie damit angemessen umgehen sollen. Sie möchten dem Gast nicht vor den Kopf stoßen, ihn aber auf Distanz halten. Daraus wurde eine kreative Idee entwickelt. Für die Kneipe wurde ein T-Shirt bedruckt, das man im Notfall im Büro schnell mal überziehen kann. Bei einem Testtragen äußerte dann ein Gast, nachdem er die Rückseite gesehen hatte: „Das macht doch nichts!" Es war wohl nicht die beabsichtigte Wirkung.

Abb. 59 + 60 Das warnende T-Shirt

Ein Schlusswort

Nun, liebe Leserinnen und Leser, haben Sie einen kleinen Einblick in die Kneipengeschichte der Stralsunder Altstadt bekommen.

Viele Schank- und Gastwirtschaften konnte ich nicht vorstellen, dazu waren es zu viele. Wenn einige Stralsunder mich, während ich noch bei der Arbeit zu diesem Buch war, fragten, ob ich auch über diese oder jene Wirtschaft, die sie früher oft besucht haben, schreibe, musste ich häufig sagen, dass ich darauf leider verzichten muss. Eigentlich schade, denn sie erzählten mir gleich Geschichten darüber. Ich habe stellenweise auch Schlimmes berichtet, aber die Zeiten haben sich geändert. Deshalb: Besuchen Sie, egal, wo Sie sind, mal ein altes Gasthaus, sehen Sie sich die Bilder an den Wänden und die Ausstattung an und lassen Sie bei einem Bierchen die Geschichte der Kneipe und ihrer Gegend auf sich wirken. Es ist auch unser Erbe, das nicht restlos verschwinden darf.
Die Neueröffnung der Kneipe „Zur Holländerin" Mitte Dezember 2023 in der Wasserstraße machte Hoffnung.

Abb. 61 Störtebeker Braumanufaktur Stralsund

Die Entwicklung der Störtebeker Braumanufaktur Stralsund

1827 Heinrich Brahtz gründet „Stralsunds Bairische Bier-Brauerei" am Wendenmarkt (heute Ossenreyerstraße), aus der dann die „Vereinsbrauerei" wird, die er mit Carl Friedrich Brahtz leitet. In ihrem Vereinshaus und im Rathausgewölbe findet der Ausschank statt. Die Brauerei wird in den Folgejahren Hoflieferant der Ostseebäder.

1862 Die Anschaffung einer „patentierten Pressionsmaschine", einer modernen Kühlmaschine, erregt Aufsehen. Nun ist ein direkter Ausschank des Bieres aus dem Eiskeller möglich. Eine bessere Kühlung bewirkt längere Haltbarkeit und bessere Qualität des Bieres.

Abb. 62 1899 zog die Brauerei vor die Tore der Stadt an den heutigen Standort.

1899 Wegen des guten Absatzes will sich die Vereinsbrauerei vergrößern und zieht in die „Bergschlößchen“-Brauerei an der Greifswalder Chaussee. Dort wird ein mehrstöckiges Brauereigebäude errichtet, in dem sich Kellereien, Räume für Maschinen und Dampfkessel und verschiedene Lagerböden befinden.

ab 1900 Die Brauerei produziert Exportbier nach Pilsener Brauart, helles Lagerbier und dunkles Bier.

ab 1920 Die Brauerei bekommt allmählich eine starke Konkurrenz durch andere Brauereien im Land. In dieser Zeit entsteht der auffordernde Werbespruch: „Trinkt Stralsunder Bier!“.

Abb. 63 Stralsunder Jubiläums-Bier

1944 Die Auswirkungen des Krieges führen zu einer Einstellung des Braubetriebs.

1945 Die sowjetische Besatzungsmacht lässt die Produktionstechnik demontieren und als Reparationen in die Sowjetunion bringen.

1947 Der Wiederaufbau der Brauerei beginnt mit alten Maschinen und Material aus der zerstörten Chemnitzer Brauerei.

1948 Die Brauerei wird verstaatlicht und erhält den Namen „VEB Stralsunder Brauerei“. Die Probleme beginnen bald mit den zu alten Maschinen und einer Verschlechterung der Qualität.

Abb. 64 Die Stralsunder Brauerei zu DDR-Zeiten

Abb.65 Die Abfüllung lief halbautormatisch

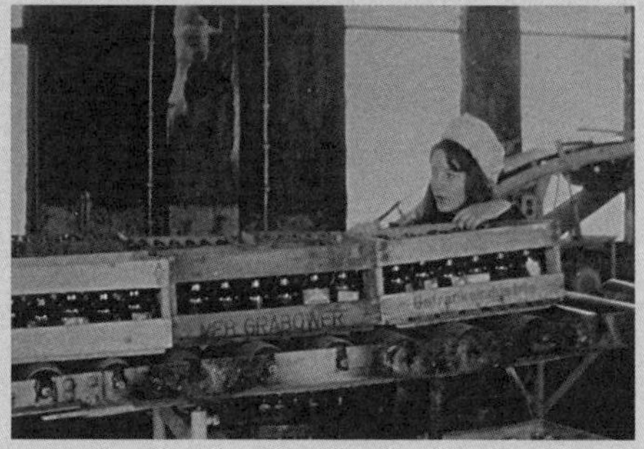

Abb. 66 Die Leergut-Sortierung erfolgte noch manuell nicht maschinell.

Ende der 60er / Anfang der 70er Jahre

Der Zustand der mittlerweile 50 Jahre alten Produktionstechnik verschlechtert sich immer weiter, da die Stadt kein Geld in die Brauerei investiert. Die Mitarbeiterinnen und Mitarbeiter haben Mühe, den Betrieb am Laufen zu halten. Die Rohstoffe sind minderwertig und außerdem kontingentiert. Die Bierqualität leidet enorm. Dennoch müssen auch Rügen und große Teile des Landkreises beliefert werden.

Abb. 67 Nach der Übernahme durch die Familie Nordmann wurden zunächst nur Fässer gefüllt

1991 Die Brauerei hat die Wende überlebt und wird von der Familie Nordmann gekauft. Sie erneuert die gesamte Anlage. Der neue Name lautet nun „Stralsunder Brauerei GmbH".

1994 Im alten Braugebäude wird das Braugasthaus „Zum alten Fritz" eingerichtet.

Abb. 68 Das Braugasthaus „Zum alten Fritz" wurde 1995 eröffnet

Abb. 69 *Mitte der 1990 Jahre zog das Sudhaus um in die neue Produktionshalle*

Abb. 70 *Die ersten Störtebeker Biere wurden 1998 abgefüllt*

2011 Es erfolgt die heutige Namensgebung: „Störtebeker Braumanufaktur“. Zu der Zeit waren es knapp 80 Mitarbeitende.

2012 Das Unternehmen wird Mitglied im Zusammenschluss „Die Freien Brauer“.

ab 2014 Die Anlagen werden erweitert und erneuert. Neue Gär- und Lagertanks werden gebaut, und die Lagerkapazität für Rohstoffe, Leergut, volle Kästen und Fässer wird erweitert.

2017 Im Brauquartier findet zum ersten Mal die Deutsche Meisterschaft der Hobbybrauer statt, ein jährlicher Wettbewerb mit besonderen Heimbrauer-Bieren.

2020 Eine neue Abfüll-, Verpackungs- und Logistikhalle wird fertiggestellt. Die Vielfalt der produzierten Biersorten ist beachtlich. Viele sind mittlerweile preisgekrönt.

Abb. 71 *2021 holt das Pazifik-Ale den Titel „Weltbestes American IPA“*

Literatur und Quellen

Das Älteste Stralsundische Stadtbuch (1270 – 1310), Berlin 1872.

Das zweite Stralsundische Stadtbuch (1310 – 1342), Stralsund 1903.

Ewe, Herbert: Das alte Stralsund. Kulturgeschichte einer Ostseestadt, Weimar 1994.

Foth, Rudolf: Schwedisch-Deutsche Regimenter der Garnisonsstadt Stralsund, in: Sundische Reihe 5, hrsg. v. Senat der Hansestadt Stralsund.

Frankfurter Allgemeine Zeitung, Dorfleben: Das klassische Wirtshaus stirbt aus, 18. Sept. 2017 – Internet.

Fritze, Konrad: Entstehung, Aufstieg und Blüte der Hansestadt Stralsund, in: Herbert Ewe (Hrsg.): Geschichte der Stadt Stralsund, Weimar 1984.

Kusch, Reinhard: Die schwedische Stadtaufnahme von Stralsund 1706/07. Ein soziotopographischer und sozialökonomischer Querschnitt, in: Greifswald-Stralsunder Jahrbuch, Bd. 11, Weimar 1977.

Langer, Herbert: Innere Kämpfe und Bündnis mit Schweden, in: Herbert Ewe (Hrsg.): Geschichte der Stadt Stralsund, Weimar 1984.

Ostsee-Zeitung v. 25.9.2012.

Neubeginn und Wiederaufbau, hrsg. v. Bundeszentrale für politische Bildung, Bonn 1989.

Peyer, Hans Conrad: Einführung zum Thema Gastfreundschaft, Taverne und Gasthaus im Mittelalter, in: Schriften des Historischen Kollegs, hrsg. v. Stiftung Historisches Kolleg, München, Wien 1983.

Stralsundische Zeitung Nr. 20 v. 25. Jan. 1900 und weitere Monate.

Tobias, Steffen u. Preuß, Elisa: Stralsund und das Deutsche Reinheitsgebot, in: Dr. Matthias Redieck und Achim Schade (Hrsg.): Strale-Sunth. Stadtschreiber-Geschichte(n) 6/2016.

Triebe, Anke: Die Geschichte des Stralsunder Bieres, in: Dr. Matthias Redieck u. Achim Schade (Hrsg.): StraleSunth. Stadtschreiber-Geschichte(n) 1/2011.

Von Blankenburg, Christine: Die Hanse und ihr Bier. Brauwesen und Bierhandel im hansischen Verkehrsgebiet (Quellen und Darstellungen zur hansischen Geschichte, Bd. LI, Köln, Weimar, Wien 2001.

Archivalien Stadtarchiv Stralsund:

Akte über den verbotenen Verkehr junger Leute in den Wirtshäusern (ab 1828)

Akte wegen eines Bürgers Daniel Röhls von einem Soldaten entleibet

Akte zu Walter Domröse

Anträge auf Erlaubnis zur Führung der Schankwirtschaft Am Querkanal 4

Anträge auf Erlaubnis zur Führung der Schankwirtschaft im Haus Fischmarkt 4

Anträge auf Erlaubnis zur Führung der Schankwirtschaft und zum Kleinhandel mit alkoholischen Getränken Frankenwallstraße 18 „Zum Komet“

Anträge auf Erlaubnis zur Führung der Schankwirtschaft „Zur Hansa“

Anträge auf Erlaubnis zur Führung der Gastwirtschaft „Zum Goldenen Anker“

Anträge auf Erlaubnis zur Führung der Schankwirtschaft „Zum Krokodil“

Anträge auf Erlaubnis zur Führung der Schankwirtschaft „Zum Turm“

Anträge auf Erlaubnis zur Führung der Schankwirtschaft „Zur Kogge“

Anträge zum Kleinhandel mit Spirituosen und zum Betreiben einer Schankwirtschaft in der Stehbierhalle Tribseer Straße 26

Anträge auf Erlaubnis zur Führung der Gastwirtschaft „Zum weißen Rössel"

Anträge auf Erlaubnis zum Betreiben der Gastwirtschaft Am Querkanal 2

Anträge auf Erteilung einer Konzession zur Führung der Schank- und Gastwirtschaft „Zum Reichsadler"

Anträge auf Erlaubnis zur Führung der Schankwirtschaft „Zum Richtenberger"

Anträge auf Erteilung der Konzession zum Betreiben einer Schankwirtschaft

Anträge des Ehepaars Ohlberg auf Erteilung einer Konzession

Anzeige der Gerichtsdiener Meyer und Schultz über den unerlaubten Ausschank

Antrag des Gastwirts Otto Glawe auf Schließung seiner Gaststätte um 21 Uhr

Aufhebung der während des Krieges eingerichteten öffentlichen Bordelle

Bericht einer Kommission des Rates

Beschäftigung von weibl. Angestellten, Gehilfen und Lehrlingen in Gast- und Schankwirtschaften

Beschwerde der Anlieger des Semlower Tors (1722)

Beschwerden über die Geschäftsführung der Helene Jentzen (1938 – 1943)

Die Einrichtung von Mäßigkeitsvereinen (1843/44)

Die Erhebung der Tanzgebühren

Die Gastwirtschaft „Wulflamstuben" der Anna Mondshofer (1930 – 1944)

Die Zinnproben (1774 – 1816)

Einsetzung verstärkter Patrouillen zur Sicherheit in den Straßen (1733/1751)

Entziehung der Konzession für den Gastwirt Georg Ehmke (1877 – 85)

Erlass des Königs Friedrich I. auf die Beschwerden und Wünsche Stralsunds

Erlaubnis zur Führung einer Schankwirtschaft für Else Grewe (1939 – 1942)

Erlaubnis zur Führung einer Schankwirtschft für Frieda Schmartendorff

Erlaubnis zur Führung einer Schankwirtschaft für Waldemar Schött

Erlaubnis zur Führung einer Schankwirtschaft für Bernhard Ohlberg

Ersuchen der Stadt Barth im Namen der Barther Bierbrauer (1688)

Excesse des Militärs (1741 – 1793), Teil 2

Festsetzung der Polizeistunde (1922 – 1943)

Gesuch der Eleonora Bettig um Erteilung der Konzession für Schankwirtschaft

Gesuch des Haken Rahn um Erteilung einer Schankkonzession (1829 – 33)

Gesuche Stralsunder Bürger um Erteilung der Konzession für Schankwirtschaft

Kataster für das St. Nicolai-Quartier

Klagen über Ausschreitungen des Militärs (1750 – 1751)

Konzession für eine Schankwirtschaft an den Segelnäher Georg Dankwardt jun.

Konzessionsentziehungen (1877 – 1885)

Maßnahmen gegen sittengefährdende Veranstaltungen (1828)

Örtliche Versorgungswirtschaft (1972 – 1987)

Rezept für die Herstellung eines „guten, wohlschmeckenden, gesunden Bieres“

Schuldklage des Kaufmanns Friedrich von Braun gegen den Gastwirt Behrens (1766)

Stellvertreterurkunde für Margarete Gorzny (1942/43)

Stralsunder Schankstätten und der Kleinhandel mit alkoholischen Getränken 1805 – 1816 und 1812 – 1920

Streitigkeiten zwischen Offizieren und Bürgern in öffentlichen Wirtshäusern

Taxen für Genuss- und Lebensmittel (1763/64)

Untersuchung gegen den Gastwirt Hinrich Scheele wegen des in seinem Haus verübten Gewaltverbrechens (1742)

Verbot der Hasardspiele (1824 – 1924)

Verordnung über Einführung einer Polizeistunde für Wirtslocale (1865 – 1884)

Verschiedene Angelegenheiten des Amtes der Weber (1696 – 1794)

Verschiedene Angelegenheiten der Schankwirtschaft „Zur Linde“ (193 – 61943)

Verschiedene Konzessionsgesuche (mehrere Akten)

Verzeichnis der Krüger in der Stadt (1627)

Vorschriften für das Beherbergungsgewerbe (1816 – 1846)

Bildnachweis

Steffen Melle: Abb. 4, 5, 10, 14, 15, 17, 22, 24, 27, 28, 29, 30, 33, 36, 38, 39, 42, 43, 46, 49, 54, 59, 60 (23)

Stadtarchiv Stralsund: Abb. 1 (Rep.16/171), 6 (I-e-01-055), 7 (Rep.18/556), 8 (Rep.13/144), 12 (I-f-1-28), 13 (I-f-4-284), 18 (Rep.18/903), 19 (I-f-4-287), 20 (I-f-10-645), 21 (I-f-1-03), 23 (I-f-4-338), 25 (I-f-4-318), 26 (VIII-20-02-174), 31 (1-b-1-121), 32 (VIII-u-03-125), 34 (Rep.18/749), 35 (Sz-02-024), 37 (Sz-20-111a), 44 (Hk-F-212), 45 (Pk-22-01-089), 47 (Str. Ztg. Nr. 297), 50 (D-01025), 51 (Rep.18/755), 53 (Hk-0-050), 55 (I-f-14-1001), 56 (VIII-32-01-036), 58 (Hk-H-029) (27)

Hanni Höpner: Abb. 16, 40, 41 (3)

Historische Postkarten: Abb. 3, 9, 11, 48, 52, 57 (6)

wikimedia commons: Abb. 2 (1)

Störtebeker Braumanufaktur: Abb. 61 – 72 (12)

Mein Dank

An dieser Stelle möchte ich denjenigen danken, die mich bei der Arbeit an diesem Buch bereitwillig unterstützten.

Das waren:

- die Mitarbeiterinnen und Mitarbeiter des Stadtarchivs Stralsund, die mich immer wieder mit Akten, Büchern und Informationen versorgten,
- die Schankwirtin Hanni Höpner, die mir beim Kennenlernen der Kneipenszene half und auch Geschichten zum Thema beisteuerte,
- der Gastwirt Norbert Wanitschke, der mich mit Bildmaterial unterstützte,
- Martin Hellbarth, der mir Bild- und Textmaterial besorgte,
- mehrere, hier ungenannte Kneipenbesucher, die mir mit ihren Erinnerungen wichtige Hinweise gaben.

Der Autor

Steffen Melle, Jahrgang 1953, ist gebürtiger Stralsunder und verbrachte seine Jugend in der Hansestadt. Ausgebildet als Maschinenbauer auf der Volkswerft, studierte er später Germanistik und Geschichte in Greifswald. Anschließend war er als Lehrer und Schulleiter im Landkreis Stralsund bzw. Nordvorpommern tätig. Seit seinem Ruhestand wohnt er in der Stralsunder Altstadt und beschäftigt sich mit verschiedenen lokalgeschichtlichen Themen. Er schrieb auch Beiträge für die „Stralsunder Hefte“.

Autor: Steffen Melle

Weitere Bücher des Autors

Steffen Melle & Claude Lebus
Seit 1332 Stralsunderin:
Die Hafenkneipe »Zur Fähre«
Kneipengeschichten mit Kneipengeschichte
Druck- und Verlagshaus Kruse
Broschur, 21 × 21 cm, 84 Seiten mit 72 Abbildungen
ISBN 978-3-95872-065-7, 13,95 €
Bestellbar unter **mv-druck.de/buecher**
und in der Hafenkneipe

Steffen Melle
Die Kaufleute vom Scheelchof
Ein Stück Stralsunder Geschichte
rügendruck gmbh, 2022
Hardcover, 150 x 220 mm, 96 Seiten mit 57 Abbildungen
ISBN 978-3-949584-01-5, 19,90 €
Bestellbar unter
www.ruegen-druck.de/shop/

Diese und weitere regionale Literatur aus dem Verlag der rügendruck gmbh zu beziehen über **www.ruegen-druck.de/shop/**

Dr. Gesine Schulz-Berlekamp
Stralsunder Fayencen
Geschichte der Stralsunder Manufaktur und Beschreibung ihrer Fayencen mit Fotografien von Volkmar Herre.
rügendruck gmbh, 1993,
Hardcover, 19 × 21,5 cm
80 Seiten, über 60 Abb.,
ISBN 3-9803522-0-X, 4,90 €

Prof. Dr. Victor Loebe, bearbeitet und illustriert von Christoph Gebler
Putbus
Geschichte des Schlosses und der Entstehung und Entwicklung des Badeortes
rügendruck gmbh, 2021,
Hardcover, 16,5 × 24,5 cm
88 Seiten, 164 Abbildungen,
ISBN 978-3-9813568-7-8, 14,90 €

Dr. Fritz Petrick (Hrsg.)
Rügens Geschichte
Von den Anfängen bis zur Gegenwart
Teil 1 Rügens frühe Geschichte
Teil 2 Rügens Mittelalter und fühe Neuzeit
Teil 3 Rügens Schwedenzeit
Teil 4 Rügens Preussenzeit
Teil 5 Rügens Zeitgeschichte seit 1945
rügendruck gmbh, 2008 – 2013,
Paperback, 16,5 × 24 cm, 124 – 184 Seiten, mit zahlreichen Fotos, Abbildungen, Karten und Tafeln, 14,90 – 19,80 €

112

Die Deutsche Bibliothek – CIP-Einheitsaufnahme
Steffen Melle:
Kneipen der Stralsunder Altstadt
rügendruck gmbh, 2024
ISBN: 978-3-949584-03-9
Preis: 19,90 €

Circus 13, 18581 Putbus / Insel Rügen
www.ruegen-druck.de
1. Auflage 2024
Gestaltung: Christin Liedtke / rügendruck gmbh
Gesamtherstellung: rügendruck gmbh, Putbus

Gedruckt auf CoffeeCup Paper 120 g/qm
(besteht aus circa 25 % Einwegpapierbechern
und etwa 75 % recycelbarem Altpapier)
www.coffeecup-paper.de

ICH HÖRTE AUCH VON EINEM ***GASTWIRT***, DER HINTER DEM TRESEN LAUTHALS SCHIMPFTE: ***»SCHLUSS JETZT, ICH SCHREIBE***